옹달샘 같은 회사를 꿈꿔 왔다

경영학박사의 중소기업 경영 이야기

옹달샘 같은 회사를 꿈꿔 왔다

경영학박사의 중소기업 경영 이야기

김기동

도서
출판 **산다**

경영 이야기를 시작하면서

18년간의 회사 생활을 마치고 창업을 했다.

창업 30주년을 맞아 그동안의 창업과 사업, 경영과 승계 그리고 공부에 대한 이야기들을 이 책에 담았다.

스무 살이 되기도 전, 일찌감치 사업에 대한 큰 꿈을 가지고 기업에 입사해서 사회생활을 시작하였고 나에게 이는 곧 경영 수업의 시작이었다.

직장 내에서뿐 아니라 일상의 모든 일들을 경영 공부의 하나로 생각했다. 이런 생활 습관으로 나의 경영 마인드가 견고해질 수 있었다.

이 때문에 사업 초기에도 어색하거나 새롭게 느껴지는 일은 드물었다. 사건 사고가 돌발적으로 발생해도 순발력 있게 원인을 찾아냈고, 해결 방안을 모색하는 데에도 많은 시간이 필요하지 않았다.

다만, 사업의 규모가 커지면서 나의 판단과 생각으로 다른 사람들을 완전히 이해시키는 데에는 한계가 있었다. 그런 부족함을 메우기 위해 사업과 병행하여 경영학 석사과정 공부를 시작하게 되었고, 공부의 끝은 어디일까를 생각하며 가다 보니 경영학 박사학위까지 취득하게 되었다. 이를 기반으로 직원들에게 경영의 방향을 이해시키면서 중소기업이지만 바른 경영과 투명경영을 해갈 수가 있었다.

이 책은 경영학 이론을 나열한 것이 아니라 경영 이론을 바탕으로 중소기업을 경영해 온 경험과 있었던 사실을 바탕으로 내용을 정리하여 쓴 이야기들이다.

특히 경영서적이나 이론적으로 접근하기 어려운 부분 즉 중소기업 경영의 현장에서 일어나는 여러 일들을 가감 없이 있는 그대로 썼다. 다만 내가 겪었던 일들과 가졌던 생각들을 중심으로 이야기를 썼기 때문에, 다분히 주관적이어서 관점에 따라 의견이 다를 수도 있을 것이다. 이 다른 관점은 경영에서 일어나는 많은 경우의 수로 생각하시고, 읽으시는 분들께서 조금이라도 공감해 주신다면 더 바랄 것이 없겠다.

또한 내용이 매우 부족하지만, 경영을 해가시는 데 참고가 되었으면 하는 바람이다.

창업과 사업 그리고 경영에 관한 이야기를 구분해서 담았는데 이는 제대로 된 경영을 하기까지 창업과 사업 두 단계를 거쳐서 경영 단계로 넘어갔음을 의미하는 것이다. 일부 중첩되는 내용도 있지만 엄밀히 구분한다면 창업과 사업 이야기는 저 혼자만의 의지로 이루어진 것이라고 말할 수 있고, 경영 이야기는 혼자가 아니라 직원들과 함께 시스템적으로 해 왔던 것에 대한 이야기라고 할 수 있다.

경영자는 끝없는 도전으로 반드시 좋은 결과를 창출하여야 하며, 결코 중단해서는 안 된다는 의무감을 가지고 바른 경영에 최선을 다하여야 한다고 생각한다. 기업은 직원들의 안정적인 삶의 터전이 되어야 하고 이를 지속해서 유지 발전시키는 맨 앞자리에 있어야 하는 사람이 경영자이기 때문이다.

기업을 물려주는 것도 일종의 경영이라는 생각을 가지고 간단하게 언급을 했다. 기업의 승계도 꼭 바르게, 제대로 이루어져야 한다. 그래야 기업이 100년 이상 생존할 수 있는 바탕이 된다. 기업이 잘되어야 나라가 잘되고 국민도 잘 살 수 있다는 신념을 가지고 회사를 경영해 왔다. 기업 승계자들도 이 정신을 함께 이어받기를 원한다.

이 기업을 물려주고 물려받는 부분은 기업의 여건에 따라 다양한 방법으로 진행될 수 있기 때문에 포괄적으로 기술을 했는데 명분과 원칙을 특별히 강조했다. 기업을 성공적으로 일구어 놓으신 분들에게 이 부분이 특별히 도움이 되었으면 한다.

공부 이야기를 끝부분에 넣었는데 공부는 뚜렷한 목적과 목표가 있을 때 효과적으로 할 수 있다. 필요할 때 하는 공부는 재미도 있고 보람이 배가 된다. 누구든 시기에 맞는 공부를 하는 것은 큰 의미가 있고, 살아가는 데 커다란 도움이 될 것이다.

"약속은 약속으로 꼭 지킨다."는 신념으로 지금까지 살아왔다. 이 책은 나에게 약속한 약속의 증거물이다.

여러분의 성공과 행복을 기원합니다.

2023년 10월

東夏 김기동

일 러 두 기

    이 책은 중소 제조기업을 30년 경영해 온 실제의 일을 바탕으로 쓴 경영 이야기로서 저자의 뜻에 따라

- 공장 등 산업 현장, 금융가 등에서 그 시대에 통용되던 당시의 속어, 비표준어, 잘못 사용되고 있던 외래어 등을 글의 맛과 시대와 현장의 분위기를 살리기 위해 교정하지 않고 그대로 사용한 경우가 있습니다.
  예)
  곤조(근성), 따블(double), 싸인(sign), 쇼테지(shortage), 사업꺼리(사업거리), 씨드머니(seed money), 내(나의), 빳다(bat), 깡(할인, わりかん), 싸스(SARS, 사스) 등

- 보편적으로 사용되는 외래어, 고유한 약어略語는 그대로 썼습니다.
  예)
  오너, 올스톱, FPCB, M&A, MOU 등

- 또한 당시의 상황을 숨김없이 실감 나게 하기 위하여 등장인물의 실명을 쓰기도 했습니다.

- 글의 흐름과 생각의 여백, 강조를 위해 의도적으로 줄을 바꾸고 한 줄 띄우기를 한 경우, 물음표(?)와 느낌표(!)를 넣거나 뺀 경우가 있습니다.

- 중국 투자와 관련 된 지명, 회사명, 인명은 편의와 이해를 돕기 위해 한국 발음으로 표기했습니다.

차 례

1. 사업이 하고 싶었다

사업에 대한 꿈

1993년 38세에 동하통상東夏通商을 창업했다.

20년 간직해 온 창업의 꿈이 실현된 순간이다.

내가 사회에 첫발을 내디딘 해는 1975년 7월로 1973년에 시작된 1차 오일쇼크가 진정되고 세계적으로 산업화가 숨 가쁘게 진행되던 시기였다.

자란 환경도 운명에 속한다면 나는 태생이 사업을 해야 하는 운명이었던 것 같다.

상업고등학교에 입학한 후 동아리 활동의 일환으로 이미 사회에 진출한 동아리 선배를 만나 인사하고 짜장면도 얻어 먹으며 장래의 진로에 대한 조언도 듣고 하는 과정에서 나는 특별한 것을 발견했다.

당시 만나는 선배들의 대부분이 모두가 부러워하는 은행원들이었다. 하루 종일 한 평도 안 되는 책상에 앉아서 하는 일이라고는 다람쥐 쳇바퀴 돌듯이 전표 쓰고 도장 찍고 돈 세고 주판으로 계산하고 장부에 기록하고 때 되면 구부러진 허리를 펴면서 점심 먹으러 가는 것이 은행원들의 일상인 것을 알게 됐다.

평소 나의 은행원에 대한 생각이 달라졌다. 월급을 많이 받고 밖에서 보기에 대단히 멋진 생활을 하는 것으로 알고 있었는데 나는 남자가 할 일은 아니라는 생각이 들었다.

상고생 대부분의 희망인 은행원으로 삶을 살아간다는 것은 큰돈을 만지기는 하지만 벌기는 좀 어려울 것 같았고 인생이 너무 교과서적으로 되겠다는 느낌을 받았다.

이렇게 은행원에 대한 로망이 사라지면서 다른 직업에 대해 구체적인 생각을 하기 시작했다.

막연하지만 돈과 사업에 대한 생각이 대부분이었다.

보다 큰 꿈을 가지고 싶었다.

십 남매 중 일곱 번째로 농촌의 넉넉지 못한 집안에서 자라 우여곡절 끝에 서울의 잘 나가는 상업고등학교에 진학한 나는 그때부터 사업에 대한 상상의 나래를 수없이 펼쳐보면서 빨리 사회생활을 시작할 수 있는 날을 손꼽아 기다리며 학교를 다녔다,

당시 내가 다니던 상업고등학교는 은행 등 금융기관 취업률이 전국 1위로 재학생 대부분이 금융기관 취업을 목표로 공부하고 있었다.

3학년 1학기가 끝날 무렵 드디어 기회가 찾아왔다.

나는 담임선생님이 강한 반대를 했음에도 고집을 부려서 중소기업인 대덕전자 사원 모집에 원서를 내어 합격했다.

학교에서 1975년 1호 취업생이 되었고 2학기에는 재학생이지만 등교를 하지 않고 회사에 다니기 시작했다.

당시 나의 일기장에는 이렇게 쓰여있다.

· *1975년 10월 7일*
앞으로 커다란 생산업체나 무역회사를 경영하고 싶다.

· *1975년 10월 8일*
나는 사장이 될 것이다.
회사를 다니면서 향후 20년간 해야 할 일,
군대 3년, 대학 진학 준비 1년, 대학에서 공부 4년,
사업 준비 10년
38세에 사장이 되자.
실패를 하더라도 자부심을 가지고 모든 일에 임하고 마음에 새기자.

이렇게 고등학생 때부터 하고 싶었던 사업을 대덕전자에 입사한 후 18년 만에 퇴사해서 시작했으니 내 자신에게 약속했던 대로 20년 만에 일단 꿈을 이루게 된 것이다.

고등학교에 진학하기 전 한때 학교 공부는 실패한 것으로 간주하고 돈을 벌어 보려고 결심한 적이 있었다.

스스로 밑천이 없으니 돼지를 몇 마리 사서 기르면서 돼지 마릿수를 늘려 큰돈을 벌어 보자는 생각을 했었다. 왜냐하면 어릴 당시 대부분이 그랬듯이 우리 집도 매우 가난하여 항상 먹고사는 문제로 걱정을 하며 살았다. 경제적으로 어려우면 말로는 화목을 얘기하지만 가끔 분란이 일어난다. 그때마다 어린 나이에 이 문제를 어떻게 풀어갈 수 있을까?에 대한 고민을 많이 했다. 10남매나 되는 많은 식구들이 살아가려면 웬만큼 벌어서는 해결이 되지 않는다. 이럴 때마다 돈이 답이라고 생각했다. 돈이 아니면 해결할 수 없는 일들이 많다는 것을 깨달았다. 그래서 돈을 많이 벌고 싶었다. 그러나 은행원이란 직업으로는 가족을 먹여 살릴 수는 있어도 집안을 평안하게 할 수는 없을 것 같았다. 고등학생 때부터 언젠가는 사업을 해서 돈을 벌어야겠다는 결심이 이렇게 창업을 하게 된 동기가 된 것이다.

이 결과 지금은 ㈜동하기업, ㈜동하엠씨티, ㈜금정하이플렉스, ㈜상해타이거스틸 등의 중소기업을 운영하고 있다.

대덕전자에서 18년

무작정 창업을 한다는 것은 상상도 할 수 없는 일이다,

하지만 얼마든지 스스로 그림을 그려가며 창업에 대한 꿈을 꿀 수는 있다.

대덕전자에 다니기 시작하면서 사업에 대한 그림을 그리기 시작했다.

고졸 사회 초년병으로 직장 생활을 시작하는데 대한민국의 남자로서 몇 개의 장애물이 나타났다.

첫째, 장애물 아닌 장애물이 바로 병역의무였다. 고졸예정자로 직장 생활을 시작하니 군 문제가 미결상태여서 모든 일을 고정이 아닌 임시로 맡겼다. 병역의무를 이행해야 한다.

둘째, 당시 고졸은 대졸에 비하여 차등 대우를 하는 것이 그리

어색하지 않았던 시절이었기에 차등이 아니라 차별 수준이었다. 학력 차를 극복해야 한다.

셋째, 결혼해서 가정을 꾸리고 있어야 정상적인 사회인 취급을 하였다. 결혼을 해야 한다.

이 외에도 살 집을 장만해야 한다. 이런 것들을 원만하게 해결하고 나서 '나의 일을 시작할 것이다'라는 그림을 그렸다.

사업을 하려면 종잣돈도 마련해야 한다.

이런 장애물들을 최단시일 내에 해결하고 사업 준비를 한다고 하더라도 10년 정도의 시간이 필요하다는 그림이 나온다. 그 일정을 일기장에 써 놓고 마음에 새기며 10년이란 기간을 단축하기 위하여 직장 생활을 누구보다 충실하게 하였다. 충실로는 표현이 부족할 정도로 열심히 일했다.

초년부터 회사 일을 나의 일로 간주하고 어떤 일이든 마다하지 않고 닥치는 대로 직접 체험하는 데 전력투구했다. 예를 들면 상사가 서류 봉투 하나를 주면서 이걸 K사에 갖다주고 오라 한다. 을지로에서 버스를 타고 출발해서 서울역, 영등포에서 갈아타고 구로동에서 내려 뚝방길로 걸어가면 3번째 공장이 K사이니 거기 경리부장에게 전해주라는 것이다. 이런 일을 시키면 그 당시에도 직원들이 상사와 부딪히기 일쑤였다. 그러나 나는 이런 일도 마다하지 않고 흔쾌히 들어주었다. 왜냐하면 이 일로 몇 가지를 알고 얻을수 있는 것들이 있기 때문이었다. K라는 회사를 가서 볼 수가 있고

을지로에서 구로동까지 가는 버스노선도 알게 된다. 오며 가며 내 돈 안 들이고 구경도 하고 긍정적으로 생각하면 얻을 수 있는 것이 수도 없이 많다.

당시 직장에서 나의 호칭은 '미스터 김'이었다. 어찌 보면 막일을 할만한 똑똑한 아이 하나 고용한 것이었다. 그러나 나에게는 이런 자리와 이런 일을 해보는 것이 절대로 필요했다. 언젠가 사업을 하게 되면 모든 경험들이 도움이 될 것이기 때문에 어떤 어려운 일도 즐겁고 피가 되고 살이 되는 것으로 생각하고 1인 2역, 3역으로 일에 몰두했다. 이러다 보니 위에서는 애사심이 많은 직원으로 인정을 하게 되고 승진도 급여도 남들보다 빠르고 많이 받게 되었으며 남들보다 젊은 나이에 관리 책임자가 되었다. 책임자는 일의 무게가 다르고 다루는 범위가 넓다. 돈 주고 살 수 없는 수많은 경험을 하게 되었다.

자세히 돌이켜 보면 처음 맡았던 일이 무역인데 그중에서도 수입 업무였다. 그 당시 수출 업무는 국가의 현안과제로 어디 가나 대접을 받았지만, 수입 업무는 각종 규제의 벽이 있어서 열심히 하는 것만으로는 감히 그 벽을 넘기가 어려웠다. 작은 물건 수입도 각종 협회나 조합, 위원회 등 단체의 추천서를 받은 다음 마지막으로 외국환 은행의 승인이 있어야 수입허가가 났다. 그 후에도 물건이 들어오면 무시무시한 세관-관세청-이라는 험난한 관문을 통과해야 수입 업무가 종료되는 것이어서 가는데 마다 머리를 숙이지 않으면 벽을 넘을 수가 없었다. 당시는 그 담당자가 안 된다고 하면 끝이었다. 어설프게 따지다 보면 돌이킬 수 없는 보복을 당하기가 일쑤였기에 이런 일을 잘 처리하려면 많은 경험과 인내력, 사교술 등 모든 지혜를 다 동원해야 했다. 아니면 급행료로 해결하는 수도 있었으나 매번 회사 일을 그런 방법으로 할 수는 없는 것이기에 좋은 인맥을 많이 만들 필요가 있었다. 이때 경험으로 지금도 무슨 일을 하기 전에 이일은 누구와 상의할 것인가? 어떻게 가장 쉽고 효과적으로 할 수 있을까를 먼저 생각하는 습관이 몸에 배었다.

무역 일은 각종 서류를 작성하는 일이 많고 이런 서류들은 사후 관리 대상이다 보니 보관을 잘하여야 한다. 그리고 반복적인 일들이 대부분이어서 매번 양식을 그때그때 그리거나 복사해서 사용하던 것을 일정 폼으로 양식화하고 인쇄를 해서 업무를 효율화하고 기록과 보관을 정확하게 할 수 있도록 요즘 말로 업무 표준화를 실현해 나갔다.

이런 일들은 후배들이 일을 편하게 할 수 있도록 해놓은 것으로 보람 있는 일 중의 하나이다.

총무 업무를 하면서는 역대 총무과에서 숙제로 가지고 있던 일들을 우선으로 처리하면서 회사 전체의 조직과 체계를 잡아가는 데 한 역할을 했다. 하지만 나의 체질에 잘 맞지 않아서 총무 쪽에 오래 머물지는 않았다.

영업은 주로 조달청, 통신공사 등 관납 분야를 맡았는데 법적 근거를 많이 따지면서 업무처리를 해야 했지만 무역업무에 비하면 그리 어려운 일이 아니었다. 이익을 창출하는 일이기 때문에 무척 재미도 있었고 회사 발전에 기여할 수 있어서 보람도 컸다. 매일 원가절감, 이익증대를 위해 싸워야 했다. 해도 해도 끝이 없고 한도 없다 보니 일에 묻혀서 살아가야 했다. 나의 노력 정도가 회사의 발전과 이익에 영향을 미치는 만큼 노력을 게을리할 수 없었고 결과가 좋을 때는 그만큼 보람도 있었기에 더욱 왕성하게 일을 했다.

구매 업무는 오너가 가장 관심을 가지는 영역의 하나인지라 긴장되는 자리이기도 하다. 회사 지출의 70%를 움직이는 곳이기도 하니 그럴만하다. 즉 구매를 잘못하면 회사 일의 70%를 잘못하는 것이기도 하다. 그래서 각종 경제적 통계와 트렌드를 일별로 파악하고 미래를 예측하는 안목을 갖추어야 하기도 한다. 지구 반대쪽에서 무슨 일이 일어나고 있는지? 원자재를 실은 배는 지금 어디쯤 오고 있는지, 항로가 태풍 경로와 겹치지는 않는지? 자재 부서와 연관해서 매출 증가와 재고수준은 적정한지, 선입선출은 하고 있는지? 라이프 사이클은 경과 되지 않았는지? 아침에 기상해서 종일 긴장 속에서 생활하다 보니 잠들고 나면 바로 아침이 된다. 한창 회사가 성장할 때는 모든 통계자료가 무용지물이 되었다. 이것저것 쇼테지*가 나서 납기 펑크에 시달리고 이를 해결하기 위한 수없는 회의와 부서 간 충돌과 책임 추궁 등 이루 말할 수 없는 업

* shortage-부족-의 현장화 된 말로 약간 의미가 다름

무 스트레스가 온몸에 쌓였다.

그러나 나는 이런 것들을 은근히 즐기고 있었다. 모든 게 산 경험이고 돈 주고 배울 수 없는 일들을 나는 돈 받으면서 배우고 있구나~! 이 얼마나 즐거운가!

생산관리 업무는 제조업의 꽃이다. 영업에서 주문받은 물량을 제조에서 원활하게 생산할 수 있도록 관리를 해주는 부서인데, 생산 부서에서는 생산성을 위주로 관리해 주기를 원하고 영업 부서에서는 납기 위주로 생산을 관리해 주기를 바란다. 이는 영업과 생산의 실적을 좌우하는 부분이기 때문에 오묘한 구석이 있어서 쉽지 않은, 차원이 좀 다른 관리적인 일이라고 볼 수 있다. 영업과 생산 사이에서 욕을 먹을 수도 있고 떡을 받을 수도 있는, 서로 상충되는 일이 많아서 때로는 재미있는 일이 벌어지기도 하지만 대부분 회사의 이익을 따져서 해당 부서에 양해를 구하는 역할까지 해야 했다.

언제나 회사의 입장에서 판단하면 문제 될 것이 없다.

상고 출신으로서 생산관리 업무까지 해봤지만 경리부서에서의 근무는 단 하루도 없었다. 참 다행이라고 생각되었다. 경리는 고등학교 때 많이 배워서 따로 경험을 안 해도 어느 정도 알 수 있다고 생각했다. 직접 제품을 만드는 분야 빼고는 회사의 모든 업무를 다 해봤다.

이렇게 미친 듯이 일을 하다 보니 10년이 지나갔다.

이쯤 되니까 창업에 대한 욕구가 점점 커져 갔고 무엇이든 해낼수 있을 것 같은 자신감도 충만해져서 뛰쳐나가 바깥세상과 부딪혀 보고 싶은 충동이 솟구쳤다. 세상 사람들이 온통 나에게 언제 창업할 거냐고 물어보는 것 같았다. 이런 과정을 거치면서 창업의 꿈을 구체화하고 있었지만 제일 중요한 창업자금은 준비가 되어있지 않았다.

처음 대덕전자에 입사하면서 10년만 다니자고 결심했었다. 이유는 10년 동안 사장이 될 수 있는 자질을 갖추고 씨드머니seed money도 마련할 수 있을 것이라고 마음먹고 무슨 일이든 사장이 되는 데에 도움이 될 것이라 생각하며 주어진 일을 열심히 그리고 늘 배우는 자세로 최선을 다하였다. 그렇게 직장 생활을 하면서 많은 것을 배웠고 그것을 토대로 사업을 하겠다는 일념으로 10년을 다녔는데 사업을 하기에는 내 자신이 많이 부족하고 나가면 비빌 언덕조차 없다는 생각이 들어 한 때 직장에 충실하면서 안정된 삶을 살까도 생각했었다. 하지만 나의 꿈을 접는다는 것은 스스로 용납이 되지 않았다.

10년을 되돌아보니 대덕전자가 향후 창업 준비를 하는데 적합한 회사라고 판단하여 입사한 나의 결정이 틀리지 않았다는 생각이 들었다.

왜냐하면 입사 당시 전 직원이 50명 정도의 작은 중소기업이라 망설여지기도 했지만 여러 가지 다양한 경험을 하기에 좋고 회사 전반적인 일을 파악하기에도 최적이라는 생각이 들었고, 10년 정도 다니다 보면 내가 생각하던 사업에 대한 웬만한 것을 습득할 수 있을 것이란 생각을 했었다. 당시 한 직장에서의 10년은 흔치 않은 장기근속이었지만 나는 한 회사에서 10년은 썩어야 제대로 공부하고 뜻하는 바를 이룰 수 있을 것으로 판단하고 그런 결심을 굳히게 되었다. 결심이 그렇다 보니 웬만한 난관은 극복의 대상이지 피하거나 미룰 일이 아니었다. 이런 마인드가 나를 매사에 적극적, 능동적으로 만들었다. 그 결과 높은 평가를 받게 되고 빠른 승진과 중책을 맡게 됨으로 해서 보다 많은 일의 경험을 할 수 있게 되었다.

　하지만 입사 후 10년이 지났는데 창업을 할 수 있는 환경 조성은커녕 중책을 맡아 책임감만 늘어나 있었다.

　10년을 허송세월한 것이란 뜻이 아니다.

　이 기간에 이 글의 모두冒頭에서 언급했던 내 개인의 3대 장애물을 다 해결했다.

　병역 의무는 상고 출신과는 거리가 먼 정비병과 주특기로 최전방 인제·원통지역 육군 포병부대에 배치받아 병장으로 만기 제대하여 마쳤다.

　결혼해서 아들 둘 키우며 살 집도 마련했다.

　4년간 야간대학을 다녀 대졸 사원으로 신분을 바꿨다.

고맙고 다행스러운 일이다.

그렇지만 내 꿈은 사업인데 당장 사업을 시작하기에는 거리가 있었다.

10년이 긴 시간일지라도 가진 것이 없는 자에게 뭔가를 쌓기에는 충분한 시간이 아니라는 것을 깨달았다. 새로운 전략이 필요했다. 지금이 1985년이니까 앞으로 3년간 잘 준비해서 88서울올림픽과 함께 창업을 실현하기로 결심하고 사업의 구체화를 모색하기 시작한다. 그사이 대덕전자는 급성장을 하면서 나를 한가하게 놔두지를 않았다. 쉴 새 없이 일에 몰두하지 않으면 안 되었다. 그 바람에 3년은 순식간에 지나갔고 우리나라 경제규모도 놀라울 정도로 급격한 성장을 했다.-1985년 수출액 300억불, 1988년 600억불- 나는 또 다른 전략을 생각하게 된다. 이렇게 경제 상황이 급격히 상승하고 있는데 월급 받아서 급변하는 경제 상황을 따라간다는 것은 불가능하다는 것을 알 수 있었다.

사업을 시작할 방안을 찾기 시작한다. 무슨 사업을 할까? 와 회사 일을 제대로 해야 하는 꿈과 현실 사이에 방황의 연속이었다.

우선 내 주변에서 볼 수 있는 사업 아이템을 선정해 봤다. 대략 10가지 정도를 정해놓고 사업성 검토를 해보기로 했다. 자동차 관련 사업에 관심이 많이 갔다.

검토한 것 중 하나는 타이어 펑크 방지용 특수 용품 대리점이었다. 잠깐 시간을 내서 대리점 모집 설명회에 참석해서 설명을 듣고 나니 곧바로 대리점 계약을 해야겠다는 생각이 들었다. 내가 즉시

하지 않으면 누군가 재빨리 기회를 가져갈 것 같은 불안하고 조급한 생각이 들었다. 심리적으로 조급해지면 그릇된 판단을 하기가 쉽다. 조건을 따져보니 대리점 보증금이 필요했다. 하지만 그런 돈이 수중에 없다 보니 더욱 세심하게 검토를 해 보았다. 사업성을 소비자 입장에서 따져보니 수요가 생각보다 많지 않겠다는 결론에 도달했다.

생각을 접고 회사 일에 전념하다 보니 창업에 대한 생각이 조금 가라앉았다. 세월은 하염없이 흐르고 나이는 자꾸 먹어갔다.

이런 상황인데 갑자기 생산관리 부서장으로 발령이 났다.

생산 부서장을 맡긴다는 것은 다음 인사 때는 회사의 중책인 공장장을 맡으라는 신호이기도 했다.

어찌 상고 출신인 나에게 생산관리 부서장을 맡겼을까? 잘 이해가 되질 않았다. 인정해 주는 것이 고맙기는 했지만 사업을 구상하고 있는 나로서는 뒤통수를 맞은 기분이었다. 당황스럽고 일이 손에 잡히지 않았지만 내가 인사권자가 아니기에 생산 부서장으로 일을 시작했다.

이때 인사권의 중요성과 위력을 깨달았다.

생산관리 부서장을 3년 정도 했을 때 다음 인사에서는 관례대로 공장장 자리로 가는 것이 불가피하다는 생각이 들었다. 공장장이란 직책은 최소한 2년 이상은 회사 일에 집중하여야 하는 중책이다. 그 자리는 지금과 같이 두 가지 마음으로 업무처리를 해갈 수 있는 자리가 아니라는 것을 잘 알기 때문에 더 이상 머뭇거리면 안 된다는 결론에 도달했다.

그렇다면 준비가 안 되었는데 어쩌란 말인가? 사업의 꿈을 접고 주저앉을 것인가? 험난한 인생이 되더라도 시작해야 할 것인가? 수없이 많은 갈등을 반복하면서 하루하루를 살아가던 중 어느 날 더 이상 머뭇거리다가는 아무것도 할 수 없을 것 같은 막다른 생각이 들었다.

어느 순간부터 회사에 죄책감이 들기도 했다. 월급 받으면서 책상에 앉아 다른 생각을 한다는 것이 양심을 더럽히는 것 같았다. 여기서 더 시간이 간다고 해도 완벽한 사업 준비가 된다는 보장도 없을 것이고, 창업 준비는 현재의 것을 포기해야 시작될 것 같았다.

회사에 사표를 냈다.

마침내 1993년 5월, 18년간 열정적으로 일해온 대덕전자에서 새로운 꿈을 실현하기 위해 퇴사를 했다.

고등학생의 신분으로 입사 당시 중소기업이었던 대덕전자는 18년간 열심히 일하는 동안 엄청난 성장을 하였으며, 지금은 국가 경제발전에 기여하고 있는 큰 기업이 되어 있어 가슴 벅찬 보람을 느끼고 있다.

나 또한 결혼하여 두 아들을 키우며 가장으로서 보통 이상의 삶을 살 수 있는 기반이 되었고, 나아가 4년제 대학에 진학하여 공부를 계속할 수 있는 여건을 만들어 주었으며, 대덕전자에서의 산 경험들은 창업을 하며 부딪히는 여러 가지 문제들에 대한 해결책이 되었다.

이런 대덕전자에 항상 감사하는 마음을 가지고 있다.

창업 과정

바른 사업에 대한 결심

18년간 직장 생활을 마감하니 날아갈 것 같은 기분이었다. 지금까지 단 사흘도 마음 놓고 쉬어본 적이 없는 나로서는 일단 즐겨보자고 마음먹는다. 뭐부터 즐겨야 할지 방향을 잡지 못했다.

일단 집을 떠나기로 하고 제주도 관광을 예약했다. 당일로 출장을 다녀온 적은 있어도 처음으로 가는 제주도 여행에 마음이 설레었다. 워낙 급조된 여행이다 보니 여행사 가이드 따라다니기 바빴다. 가는 곳마다 구경거리였지만 머릿속은 비어있는 것처럼 아무 느낌도 없었다. 일정에 맞춰서 여행을 마치고 돌아오는데 특별한 이유 없이 여행에 빠진 사람처럼 온통 마음이 강원도에 가 있었다.

3박 4일 제주 여행에서 돌아오자마자 마침 집에 온 동생 부부에게 집과 아이들을 맡기고 다시 차를 몰아 무작정 강원도로 향했다.

제주도에서 가이드만 따라다니다가 직접 운전대를 잡으니 살 것 같았다. 속도도 내 맘대로 내며 라디오 음악 소리도 크게 틀고 소리도 질러 보고 아내의 행복도도 체크하면서 강원도를 누볐다.

발길을 멈추게 한 곳은 낙산사 옆에 있는 홍련암이었다. 제주도 바닷바람과는 느낌이 달랐다. 가끔 와봤던 동해안의 바람은 익숙한 느낌이었다. 상기된 기분으로 동해를 바라보며 암자로 들어갔다. 낙산사는 와 본 적이 있었는데 홍련암은 처음이다. 발길이 끌려 한발 한발 다가가면서 내 마음을 어디에 둘지 종잡을 수 없는데 마음 한구석에서 묘한 흐름이 느껴졌다.

우리는 어느새 법당으로 들어가 답답한 가슴을 진정시키려는 듯 부처님 앞에서 절을 하고 있었다. 그때 절박한 마음에 무의식적으로 자리 잡은 기도 제목이 "사업성공 소원성취"였다. 순간 이건 너무 고루하다는 생각이 들어 그럼 뭐라고 하지? 아까부터 가슴이 답답했던 것도 아직 찾지 못한 기도문을 무엇으로 할까 정해지지 않아서 그랬던 것 같았다. 계속해서 절을 이어갔다. 번뜩 뇌리를 스치는 한마디 "'바른 사업'을 할 수 있게 인도해 주십시오. 부처님." 순간 가슴이 뻥 뚫렸다. 그렇게 하라는 부처님의 허락을 받은, 커다란 보물을 찾은 것 같은, 지금까지 느껴보지 못했던 맑은 기분이 들었다. 정성으로 절을 올리면서 "기필코 바른 사업을 해서 성공하겠습니다."라는 다짐을 했다.

몇 군데 사찰을 더 방문하며 일주일간 동해안 여행을 했다. 맛있는 것도 먹고 경치도 즐기고 바닷바람도 실컷 쏘이고 했는데 여행 내내 아내의 마음은 그렇게 편해 보이지 않았다. 남편이 가고자 하는 길이니까 잘 되기를 기도하면서 따라다니고 있었다. 그래서 나는 더욱 굳은 각오를 했다. 꼭 성공하리라. 그리고 아내와 우리 가족을 행복하게 만드는 데 최선을 다할 것이고 반드시 이뤄내리라 다짐했다. 여행 도중 가끔 길벗을 만나서 얘기하는 경우가 있었는데 나의 신분을 밝힐 수 있는 명함이 없어서 다소 멋쩍었다. 집으로 돌아가면 바로 만들어야 할 것이 명함이라고 생각했다.

이때 강원도 여행에서 사업에 임하는 다짐, "바른 사업"이라는 마음의 주춧돌을 놓았고, 반드시 창업을 해서 성공을 하겠다는 "굳은 결심"의 벽돌을 쌓은 것이 아주 큰 소득이었다.

창업자금

평소 창업에 필요한 첫 번째 준비물이 자금이라는 것은 상식이었기에 회사 생활을 10년쯤 했을 무렵 가진 돈이 얼마나 되는지 확인을 해본 적이 있다. 그런데 직장 생활을 한 지 10년이 지났음에도 모아 둔 돈이 없었다. 몸담고 있는 회사와 나라의 경제는 급성장하며 88올림픽 준비에 여념이 없었다. 88올림픽이 끝나자 부동산 투기 열풍이 불기 시작했다. 모든 것이 급상승을 하고 있는데 제자리에 서서 누군가의 도움을 기다리고 있는 듯한 나의 처지가 서글프기까지 했다. 한때 일을 열심히 해서 사장이 되고 월급을 모아 자본금을 만들려고 생각한 적이 있었는데 그것은 나의 좁쌀 같은 생각이었다.

답은 부동산에 있었다. 주변 사람들 모두가 부동산에 관심이 많았는데 나만 회사에 매달려 있는 것 같았다. 부동산에 관심을 가져

보기로 했다. 사는 집 말고 또 다른 부동산으로 종잣돈을 만들어야 겠다는 생각을 하게 되었다. 부동산이 해법이라는 것은 알겠는데 문제는 자금이었다. 월급으로는 애들과 먹고살고 집 사면서 받은 대출금 이자 내기 급급한데 무슨 돈으로 부동산에 손을 대보나? 직장에서 일하면서 문제에 봉착하면 언제나 해법을 먼저 찾고 반드시 해결하면서 생활해 왔기에 이 문제도 답을 찾으면 있을 것이라고 생각하고 돈을 구할 방법을 알아봤다.

두드리면 열린다고 했던가? 교육보험에서 상장회사 과장급 이상 직원에게 신용으로 1천만 원을 대출해 주는 상품을 알게 되었다. 그 1천만 원을 만들기 위해 대전까지 달려가서 대출을 받았다. 그리고 적당한 물건物件을 찾은 것이 안산에 있는 9평짜리 2층 상가였다. 대출금과 임대보증금으로 물건 매입대금을 치를 수가 있었다. 드디어 집 말고 다른 부동산을 손에 넣은 것이다.

사업 종잣돈을 마련하는 방편으로 매입한 상가는 대성공이었다. 월세를 받아서 대출금 이자를 내고도 남았다. 주위 부동산에서는 두 배 가격으로 매매도 가능하다고 한다. 해보니 사업 종잣돈 마련하는 방법이 더 있을 듯했다. 그래서 또 하나의 투기에 편승해 보기로 했다. 주말마다 안산 남쪽으로 부동산을 모니터링하다 보니 다달이 시세가 올라가고 있었다. 평당 10만 원짜리 땅이 몇 달 후 30만 원이 되기도 하고 30만 원짜리는 50~60만 원으로 오르는 것을 확인하면서 하루라도 빨리 땅을 사야겠다는 확신을 갖게 되었다. 드디어 내가 동원할 수 있는 최대의 자금으로 송산면 어디에 있는 460평짜리 땅을 구입하게 되었다. 나의 이 땅도 얼마 안 가 2배로 올라가게 될 것이고 그러면 이것을 팔아서 사업 종잣돈으로 사용할 계획으로 시간이 가기를 기다리고 있었다. 아니나 다를까 6개월쯤 되었을 때 80% 오른 값으로 사겠다는 사람이 나타났다. 좀 더 기다렸다가 더 높은 값에 팔고 싶었지만 이게 무슨 횡재인가 싶어서 거의 따블에 매각을 하고 나름 성공했다고 마음먹었다. 기막히게 운이 좋았던 거다.

평생 만져보지 못한 6천만 원을 큰 힘 안 들이고 손에 넣게 되었다. 창업의 길이 보이는 걸 느꼈다. 이 돈으로 또 다른 땅 투기를 할까도 생각해 보았지만 당시 건물도 투자 붐이 일고 있었기에 때문에 퇴직 후에 쓸 사무실을 마련하기로 하고 건설 중인 오피스텔 30평형을 분양받기로 하였다. 완공되는 시점까지 신중하게 창업을 검토하는 것도 괜찮을 것 같고, 사업할 장소만이라도 마련해 놓으면 마음이 좀 안정될 것 같아 잘했던 결정이라고 기억된다.

퇴직 무렵 창업에 필요한 자금을 점검해 봤다.
준비된 자금이 총 1억 원 정도였는데 오피스텔 잔금으로 8천만 원, 퇴직을 하면 소득이 없으므로 1년 치 생활비 1천만 원을 미리 제외하고 나니 1천만 원이 실질적인 자본금인 셈이었다. 책상, 전화, 팩스, 사무용 컴퓨터 구입비로 6백만 원 지출하니 가용 현금은 4백만 원이 전부였다.

무슨 자신감인지? 지금 생각하면 나도 이해할 수 없는 일이다. 이런 상황에서 무얼 할 수 있다고 생각했는지 뭘 하려고 했던 것인지 이해가 안 되는 일인데 그때는 가능하다고 생각했다. 아마 돈으로 환산할 수 없는 숨은 자본금이 있었던 것 같다.

그게 바로 할 수 있다는 집념, 하면 된다는 자신감-can do spirit-, 하지 않으면 안 된다는 절박감 이런 것들이 있었기에 할 수 있었고, 하니까 되었다. 모든 것을 현금으로만 사고파는 것이 아니기 때문에 가능했고 그렇기 때문에 금전적인 것은 어떤 면에서는 무한대로 가능성이 열려있다고 봐야 할 것이다. 가능성이 있다면 신용으로 하든지 비빌 언덕을 찾아가서 비비든지 해서라도 하겠다는 각오로 사업을 시작하는 것은 좋다.

다만 여기서 조심해야 할 것이 '무리한 사업 추진은 금물'이라는 것이다.

가능한 범위 내에서 차츰 사업 범위를 넓혀가는 것이 좋다. 큰 자본금 없이 할 수 있는 무역 대행업으로 시작하고, 확실하게 수금이 보장되는 일 위주로 사업 아이템을 점차적으로 늘려가는 방법으로 차츰차츰 자본금을 늘려가는 것이 나의 자본금 확충 방법이었다.

이런 안전 위주의 사업이 진척을 더디게 하고 큰 사업을 하는데 장애요인이 되었는지는 모르지만 지금까지 큰 실패 없이 사업을 해올 수 있었던 근간이 된 것은 확실하다.

회사 이름 짓기

사무실은 미리 분양받아 놓은 오피스텔이 있어 문제가 안 되는데 창업을 하려 하니 상호가 필요했다.

강원도 여행에서 느낀 것이 있어 바로 명함을 만들려 했는데 하는 일이 없고 어디에 소속되어 있는 것도 아니다 보니 명함에 넣을 수 있는 것이 성명과 전화번호뿐이어서 미뤄 두었다.

상호가 없이는 사업자등록을 할 수가 없다. 상호는 무슨 업業을 하느냐에 따라 뒷부분이 결정되는데 아무것도 정해진 것이 없으니 그 또한 쉬운 일이 아니었다. 마음은 "100년 가는 기업"을 만들고 싶은데 아무렇게나 상호를 지을 수도 없고, 고민 끝에 철학관을 찾아가 보기로 하고 아내와 함께 서울에 있는 철학관을 찾아갔다. 마침 손님들이 많이 대기하고 있어서 오래 기다릴 각오를 하고 있는데 철학관 선생님이 상호는 잠깐이면 되고 다른 사람들은 시간이 오래 걸리니 우리를 먼저 들어오라고 했다.

철학관 선생님은 마주 앉은 우리에게 사주와 지금까지 지내온 일들을 물으시더니 동녘 東을 써놓고는 다음 글자를 찾는 데 한참 시간을 보내더니 여름 夏 자를 내놓으면서 우리 부부 생일이 겨울이기 때문에 열이 필요해서 여름 夏 자를 써야 한다고 했다. 東夏동하가 되는 것이다. 동화도 아니고 동아도 아니어서 신선해 보였다. 나는 듣는 순간 매우 흡족했다. 그래서 모든 업종을 수용할 수 있는 通商을 붙여서 "東夏通商"으로 상호를 결정하게 되었다.

큰 꿈을 이룰 상호를 지어 집으로 돌아오는 데 마음은 이미 사업 성공을 한 것처럼 뿌듯하였다. 상호가 결정되니 세무서를 방문하여 사업자등록도 하고 본격적으로 창업을 시작했다. 물론 명함을 제일 먼저 만들었다. 사무 집기류도 마련하고 전화를 개설하여 모든 준비는 끝났다.

드디어 상호에 맞게 여름인 1993년 8월에 창업을 하여 지인들에게 알리고 조촐하게 개업식도 하였다. 대덕전자에서 퇴사한 지 3개월밖에 안 되었기 때문인지 많은 사람이 관심을 가지고 찾아와 주셨다. 30평 오피스텔에 200여 명의 손님들이 축하와 격려를 해주어서 한껏 기분이 업 되었고 무엇을 하든 잘될 것 같은 느낌이 들었다. 성황을 이룬 개업식으로 창업을 세상에 알렸으니 이제부터 나는 사장이 된 것이다. 결혼식을 함으로 해서 부부가 되고 가정을 이루듯이, 회사의 시작은 개업식이라는 생각이 들기도 했다.

이렇게 해서 동하통상이라는 회사가 출발을 하게 되었다.

개인사업자로 시작

　개인사업자로 출발하기도 했지만 자금도 충분치 않고 특별한 기술도 없다 보니 확실한 사업 종목이 없었다. 이렇다 보니 직원을 채용할 필요도 없었다. 창립 멤버라고는 사장 한 사람뿐이었다. 지원군으로 아내가 있었다. 내가 사업을 제대로 일궈가기 위해서는 아내의 내조가 절대로 필요하고 그것은 무엇보다 중요하다고 생각했다. 회사 내부 일은 아내가 전적으로 맡아서 해주었다. 출장 시 각종 서류 정리, 경리업무 처리 등등 누구보다 믿고 맡길 수 있는 최고의 참모이자 숨은 창립 멤버였다. 그러나 믿는다는 것은 엄밀히 얘기하면 관리를 안 해도 된다는 의미이기도 하다. 또한 여기에 익숙해지면 안주하게 되고 아내도 그 자리를 자기 자리로 굳히고 싶어 할 것이다. 아내는 아내로서 할 일이 따로 있어야 한다는 게 나의 지론이었기에 6개월쯤 지나서 여직원 1명 급료 정도의 벌이가 되면서 여직원을 채용하고, 아내는 더 이상 회사에 나오지 않게 하였다.

부부가 한 사무실에 오래 있다 보면 이 또한 자리를 잡고 뿌리를 내리게 되어 나중에 직원들이 불편해할 수 있고 공사 구분이 잘 안될 수도 있을 뿐 아니라 회사를 키워가는 데에도 지장이 있을 거라 판단하였다. 창립 당시에 동업을 하자고 제의하는 사람들이 몇 명 있었으나 사업의 업종이나 방향이 설정되어서 구체적인 사업을 시작한 것이 아니고, 사회생활 초년부터 무언가 해보자는 신념이 있어서 시작하는 건데 잘 된다는 보장도 없고, 고비마다 다른 사람과 뜻을 같이하기도 어려울 것 같고, 각자의 생각이 다른데 누군가와 함께 어려운 일을 도모한다는 것 특히 이해관계가 첨예한 경우에는 시작은 좋을 수 있으나 반드시 불편한 일이 생기게 될 수 있다는 생각에 나는 동업은 불가하다고 선을 그었다.

잘되면 잘 되는 대로 잘 안되면 안되는 대로 헤어져야 하는 것이 동업이라고 판단했다. 여럿이 하면 힘도 덜 들고 빨리 성장할 수 있는 장점도 있겠지만 늦더라도 혼자 가기로 결심하고 혼자 출발을 했다. 이후 사업이 커져 새로운 식구들이 늘어나고 그들과 어울리고 믿고 배신당하고를 반복하면서 인적 구성이 갖춰지게 된다. 이런 것이 진정한 멤버이고 이들로 인해 만들어지는 것이 회사다.

마음에 새긴 창업 비전

비전은 크면 클수록 좋다. 나는 사업을 시작하면서 무슨 일을 하든 100년 가는 기업을 만들겠다고 마음속으로 다짐했다. 외국에는 100년 기업이 많이 있고 결과적으로 그런 기업들이 나라의 초석이 되고 강한 나라로 만드는 역할을 한다고 생각한다. 규모가 크다고 100년 기업이 되는 것이 아니라 바른 경영을 해야 하고 그 토대 위에 걸맞은 가치와 소득 창출이 있을 때 가능한 일이다. 100년을 가기 위해 무엇을? 100년을 어떻게? 100년 후에는? 이런 질문들을 수시로 나에게 했다.

어떤 일을 추진할 때, 중요한 의사결정을 할 때, 직원을 관리할 때, 회사 위치, 거래처 성향, 해외 투자 시, 제품을 만들 때, 제품의 품목을 선정할 때 등 언제나 100년 기업에 부합하는지를 기본으로 검토하고 결정하는 신중함이 필요하다. 이래야만 100년 기업의 가능성이 유지되고 그런 것들이 지속적으로 관리될 때 100년 후에 '동하'가 살아남을 것이라고 확신한다. 그리고 100년 기업을 만들어 가는 과정은 현실적이어야 하기 때문에 반드시 이익 창출이 되어야 하고 안정된 경영을 위한 부단한 노력이 필요하다. 이를 위해서는 경영자 한 사람이 잘한다고 되는 것이 아니고 전 직원이 협력하는 시스템 구축이 필요하다. 때로는 가족까지도 관리가 잘되어야 가능한 일이다.

법인으로 전환

    기업의 형태는 개인사업자와 법인사업자로 구분되고 법인사업자는 유한회사. 합명회사, 주식회사 등의 여러 형태가 있다. 하지만 나는 사업을 하겠다는 의지는 강했지만 거창하게 시작할 만한 여건이 되지 못했다. 업종이나 특별한 아이템이 정해져 있지 않았기 때문에 자연스럽게 개인사업자로 시작했다. 당시는 당연히 그렇게 하는 것으로 생각했다. 개인사업자는 아무 일이나 쉽게 할 수 있다는 장점이 있다. 무엇이든 할 수 있을 거란 막연한 기대가 좋았고 또 그렇게 하면서 활동 범위를 넓혀갔다. 각종 소모품, 전산용품, 폴라로이드 필름, 유통업 여기에 무역 대행업, 그동안 알고 지내던 지인들의 업무 대행 등 닥치는 대로 하려고 대들 수 있는 것이 너무 좋았고 누가 업종을 물으면 돈 되는 일은 다한다고 대답하기도 했다.

이러다 보니 내가 무엇을 하는 건지, 어디로 가고 있는 건지 알 수 없는 상황에서 내가 이러려고 사업을 시작했나? 하는 회의를 느낄 때도 있었다. 이런 와중에도 사업적으로 자리를 잡아가고 뿌리를 내려가는 것들도 있었지만 뭔가 잘못돼 가고 있는 것을 느끼기 시작했다. 특정해 둔 아이템 없이 시작하는 사업은 결국 어려워진다는 것을 알려주는 것 같아서 오싹한 기분이 들었다. 어디서부터 정리를 해야 좋을지 여기까지 온 게 어딘데 여기서 멈추면 안 된다는 갈등 속에 혼란이 오기 시작하였다.

잠시 멈춰서 생각해 보자. 기업의 형태가 중요하다는 것도 알게 되고 이 시점에서 재정비를 하지 않으면 안 되겠다는 결론에 이르게 되었다.

그렇다면 어떻게 해야 할 것인가? 우선 사업군을 나누고 정해서 집중하기로 했다. 그리고 기업형태는 개인사업자보다 주식회사 형태의 법인으로 가기로 했다. 이렇게 하니 정리가 되어갔다. 상호는 그대로 쓰고 앞쪽에 주식회사를 붙이고 법인 설립을 추진하였다. 개인은 세무서에 한 번 가서 접수하면 즉시 사업자등록증이 발급되었는데 법인은 절차가 매우 까다롭고 갖추어야 할 것들이 한둘이 아니었다.

그런 과정을 거치다 보니 내 상호를 지키고 싶어지고 키워보고 싶어지고 어떤 일을 할 때 멀리 보고 시작하는 안목이 생겼다. 드디어 자본금 5천만 원, 주주 7명, 사업 목적과 사업 내용이 문서화된 정관을 만들어서 등기를 하고 법인 사업자 등록도 마치게 되었다. 기업의 형태는 매우 중요해서 기업을 어디로 어디까지 끌고 갈 것인지를 정하는 계기가 되고 나아가서는 기업의 비전까지도 확실하게 결정이 되는 것이었다.

사업 초기의 어려움

　창업으로 부풀었던 큰 꿈은 시작과 동시에 현실의 벽에 부딪혔다. 충분히 준비도 되지도 않았고 자금 여력도 충분하지 않았기 때문이라는 것을 바로 알 수 있었다. 창업 준비 과정에서 준비된 1천만 원의 자금은 사무집기와 전화, 팩시밀리를 개통하고 나니 바닥이 났다. 아내와는 앞으로 1년간은 매달 집에 생활비를 주지 못하는 것으로 협의가 끝난 사항이기 때문에 살림 걱정은 덜 해도 되었지만 사업을 어떻게 해갈지 막연했다. 아직 구체적인 사업 준비를 하지 못한 터라 더 막막했다. 여기저기 지인들을 만나러 다니면서 뭐 할 거 없느냐고 물어보는 것이 하루의 일과가 되었다. 상호에 '통상'이 들어가 있으니 무엇이든 할 수 있다는 것이 기본이었다. 닥치는 대로 소모품류 등을 우선 거래 품목으로 잡았다. 거래처가 생기는 대로 최선을 다했지만 별 성과는 없었다. 폴라로이드 필름

대리점도 해보았다. 가야 할 곳은 많은데 단위가 워낙 소량이다 보니 이 또한 실효성이 없었다. 만나는 사람마다 김 사장 무슨 사업 하느냐고 묻는다. 그때 나의 대답은 '돈 되는 건 다 한다'는 것이었다.

　마치 세렝게티*의 굶주린 사자처럼 먹거리를 찾아 여기저기 헤매고 있을 때 초등학교를 마치고 서울에 올라와서 만난 친구로부터 연락이 왔다. 김 사장 사업하느냐고. 그렇다고 했더니 한번 들르란다. 나는 즉시 달려갔다. 그 친구의 형이 사업한다는 얘길 들었었는데 자기 공장이라고 소개하면서 공장 한 번 둘러보고 자네가 할 수 있는 품목이 있으면 밀어 줄 테니 해보라고 한다. 전화국용 분전함을 만드는 N전업의 공장이었다. 살펴보니 철판과 용접봉이 많이 쓰이는 것을 알 수 있었다. 두 가지를 공급해 보겠다고 했더니 흔쾌하게 승낙을 해주었다. 사업하는 친구가 있으니 이렇게 쉽게 풀리는구나…. 쾌재를 부르고 돌아오면서 어떻게 물건을 구입해서 납품을 할까, 그것이 문제였다. 철판은 포스코 대리점에서 공급을 받을 수 있으리라 생각하고 협상을 했다. 공급은 해줄 수 있는데 물품 대금에 상응하는 담보를 요구하였다. 지난번 구입해 두었던 상가를 담보로 제공하고 철판 공급 계약을 해서 원활한 공급을 받을 수 있게 되었다. 용접봉은 선배가 운영하는 회사가 용접봉 대리점이었기 때문에 어렵지 않게 신용으로 공급을 해주기로 약속을 받았다. 순조롭게 납품을 해 주게 되니 갑자기 매출이 생기고 금액도 창업 이후 처음으로 천만 원 단위의 거래를 하게 되어

* 탄자니아의 끝없는 평원

사업의 재미를 느끼기 시작했다. 이익금이 얼마나 되는지도 따져 보고 월간, 연간 손익 계산서도 작성해 보았다. 모든 일이 순조롭게 풀려가고 있었다.

이에 만족하지 않고 여기저기에 도움을 청하다 보니 대덕의 옛 동료로부터 어려운 일이기는 한데 한번 해보라며 아이템 하나를 추천해 주었다. 가내 공업식으로 할 수 있는 일로 원사를 구입하여 성수동에서 편직을 한 후 동두천에서 염색을 해서 가져오면 그걸 재단하고 먼지를 제거해서 단위 포장을 하는 원단 사업이었다. 제품이 완성되기까지 복잡한 공정을 거쳐야 하는 것으로 쉽지 않은 일이었다. 더구나 남을 시켜서 할 수 있는 일도 아니었다. 하는 수 없이 나와 아내가 기술자가 되어 작업을 하고 포장해서 납품하는 힘든 일이었다. 그러나 우리에게 다시없는 기회로 생각하면서 힘든 줄 모르고 열심히 했다. 살림만 하던 아내가 갑자기 이런 일을 하게 되어서 아이들이 고생을 많이 했다. 워낙 매출이 없다 보니 하지 않을 수가 없었기에 재단기에 손가락을 여러 번 다치면서도 아내는 말없이 그 일을 해냈다.

대덕에 사표를 내기 전에 아내에게 물었다. 내가 사업을 해보려고 하는데 어떻게 생각하느냐고. 좋다고 했다. 쉽게 대답할 일이 아닌데 아내가 생각 없이 대답하는 거 같아서 다시 물었다. 사업을 한다는 것은 망할 수도 있고 망하게 되면 돈이 하나도 없게 된다는 의미이다. 만약에 그렇게 되면 나는 험한 돈벌이라도 해야 한다. 그러려면 리어카를 끌어야 할 수도 있고 당신은 그 리어카를 뒤에서 밀어야 할 텐데 밀 수 있겠는가? 했더니 그래도 좋다고 했다.

대덕에 그냥 있었으면 편안히 살 수 있었는데 지금 이렇게 고생을 해도 자기가 한 말이 있으니까 열심히 하고 있지 않나 싶어 고생하는 걸 볼 때마다 미안함에 마음이 찡했다. 신혼 초기 박봉에 야간대학까지 다니느라 경제적으로 아주 어려웠을 때 나는 아내에게 여러 번 약속을 하였다. 40대에 푸근하게 해줄 테니 지금의 어려움을 좀 참으라고 호언장담을 했다. 그 당시에 내가 무얼 믿고 그런 얘기를 했는지 모르겠다. 아마도 아내에게 그렇게 해주겠다고 스스로 다짐하는 의미였을 것이다. 아내는 신혼 초에 내가 한 말을 지금도 믿고 있는 것 같다. 사실 그때 '지금은 사업적으로 형편없지만 어딘가에 길이 있을 것'이라고 확신하고 있었다. 모든 것이 잘 돼가고 있는 것 같았다. 나는 운이 좋은 사람이라고 생각했다. 그리고 열심히 하다 보면 좋은 일도 생기는 법이라고 모든 게 잘될 것 같아서 하루하루가 즐거웠다.

한편, N전업에 납품하는 일은 철판을 이른 새벽에 11톤 트럭으로 철판을 15톤씩 실어 날랐고 용접봉도 납품 물량이 많이 늘어났다. 자재 매입 대금은 가계수표를 발행해 지급하면서 받을 납품 대금을 늘려 나갔다.

이렇게 3개월이 지나서 납품 대금을 받기 위해 친구에게 연락을 했더니 연락이 잘 안되기 시작했다. 공장을 가보면 생산은 되고 있는데 소문은 부도가 났다는 것이다. 회사는 멀쩡한데 부도는 났다고 하니 답답할 노릇이었다.

얼마 후 친구한테 연락이 왔다. 지금 좀 급하니 돈을 빌려 달라는 거였다. 받을 돈이 있는데 돈을 빌려달라니 이건 또 무슨 경우인가? 알고 보니 이 친구의 수법이었다. 나야 빌려주고 싶어도 빌려줄 돈이 없으니 더 이상 할 얘기도 없고, 그 와중에 돈을 빌려달라는 친구를 다그칠 수도 없는 노릇이었다. 공장이 계속 돌아가고 있는 걸 보고 그제야 소문대로 형의 회사라는 판단이 되었다. 직장 생활을 할 때는 아무리 급하고 어려움이 있을 때도 자다가 깨본 적이 없었는데 내 사업을 하면서 막상 사기를 당하고 보니 자다가도 두세 번씩 잠이 깨는 일이 생겼다. 너무 화가 나서 포크레인으로 그 회사를 깨부수고 싶은 심정이었으나 감정적으로 해결하기에는 내겐 너무 큰 돈이었다.

여러 방법을 모색하다 그 친구 형한테 편지를 썼다. 나의 절박한 사정을 A4용지 5장에 담아 친전으로 보냈다. 간절함이 통했는지 얼마 후 그쪽 경리부장으로부터 들어오라는 연락이 왔다. 달려갔더니 지금 자금 사정이 안 좋으니 2년짜리 어음이라도 받겠느냐고 물어왔다. 친구 형은 돈이 많다고 알고 있었기에 부도는 안 낼 것이라 판단해서 그것이라도 받겠다고 했다. 그 자리에서 2년 만기 2천5백만 원짜리 어음을 써주었다. 이거라도 받았으니 다행이라 생각하고 돌아오려는데 뒤에서 한 마디 소리가 들렸다. 그 어음 할인을 해줄 수 있는데 깡 할 생각은 없느냐고, 3부로 2년이면 72%를 빼고 준다는 의미였다. 기가 막혔지만 조용히 하지 않겠다고 대답하고 돌아왔다.

이 첫 시련은 나를 화나게 했지만 친구의 형에게 편지를 보내 어음이라도 받을 수 있었던 것이 그나마 지혜로운 대처였다는 생각이 들었다. 바로 이 회사에 납품을 중단했고 2년 만기 어음의 현금화가 과제로 남았다.

길을 열다

- 타이거스틸 가와무라 사장과의 인연 -

길은 바다 건너에 있었다.

잘 될 것만 같았던 친구와의 관계가 엉망이 되고 나니 세상이 달리 보였다. 똑똑하고 유능했던 사람이 어느 순간 무기력하게 살아가는 것을 보면 단순하게 무능한 사람으로 치부하기가 일쑤였는데 이번 일을 겪고 나니 무능하기보다는 다 사정이 있었을 것이라는 생각이 들었다. 나 자신도 자신감이 상실돼 가고 있었다. 자신감이라는 것이 무엇인지 어떻게 해야 잘할 수 있는 것인지 인간의 나약함을 알게 된 계기가 되었다.

하지만 지금 나의 현실은 무엇이라도 할 일을 찾아 나서야만 했다. 안타깝지만 내가 대덕에 있을 때 나의 도움을 받았을 거라고 생각되는 지인들을 만나러 다녔다. 혹시 이제는 그들이 나에게 무어라도 줄 수 있는 것이 있을지도 모른다는 막연한 기대를 하면서.

그러나 그들은 오히려 나에게 도움받을 게 없나? 하는 이들이 대부분이었다.

　그러던 어느 날 조광원 사장을 만나서 뭐 할 일 없을까 물어보는 상황이었는데 안타깝다는 듯이 한 수 건넨다. 일본에 아시는 사람도 있을 테니 일본의 타이거스틸 금형핀을 수입해서 판매하면 장사가 될 것 같다는 것이었다. 나는 속으로 그런 것도 있었구나 ~! 어려울 수도 있겠지만 일말의 가능성을 가지고 부딪혀 보기로 하고 다음 날 타이거스틸에 내 소개서와 함께 편지를 써서 팩시밀리로 보냈다. 타이거스틸은 대덕에 금형핀을 공급하는 회사로 구매담당일 때 매월 발주도 하고 수입하는 과정에서 상호 정도는 알고 있었지만 직접 만나거나 대화를 해본 적은 없었다.

　편지 내용은 간단하게 대덕 근무 경력을 소개하고 귀사를 한번 방문해서 비즈니스를 협의하고 싶다고 했다. 회신은 '가와무라' 사장으로부터 바로 왔는데 한 달 후 한국 방문 계획이 있으니 그때 만나자고 했다. 좋다고 회신을 했다.

　한 달 후 서울 N호텔 커피숍에서 일본 가와무라 사장을 만났다. 서로 명함을 건네고 인사 정도만 하고 구체적인 얘기는 내가 직접 일본으로 가서 하기로 하고 헤어졌다.

　마음이 조급해진 나는 오래 기다릴 수가 없어서 몇 차례 연락을 주고 받은 끝에 한 달이 채 안 돼서 일본으로 갔다.

나의 목적은 타이거스틸의 금형부품을 수입해서 판매도 하고 더 중요한 것은 대리점 계약을 해서 갑류 무역업 허가를 받는 것이었다. 그래서 나는 서로 싸인sign만 하면 될 수 있는 영문으로 된 대리점 계약서를 준비해 갔다. 그때는 일본어가 미숙한지라 한일, 일한 사전도 준비를 하는 등 의사소통에 지장이 없도록 여러 가지 준비를 하고 갔다.

호텔에서 만나기보다는 회사도 볼 겸 직접 회사로 방문하기로 했다. 일본에 도착하여 회사 근처 도쿄 오사키 역으로 가서 전화를 하면 마중 나오기로 약속을 하고 그 장소로 갔다. 단체가 아닌 단독 일본 여행은 이번이 처음이라 무척 긴장이 되었다. 전화를 하니 5분 만에 가와무라 사장이 직접 마중을 나와서 어렵지 않게 회사로 갈 수 있었다.

회의실에 가와무라 사장과 마주 앉았다.

얼떨결에 인사를 하고 긴장의 몇 분이 흐른 후 대화가 시작됐다. 여러 말을 할 수도 없고 할 말만 겨우 외워서 했다. 돌아오는 말은 긴장을 해서 들어야 겨우 50% 정도 이해를 할 수 있었기에 서먹서먹한 분위기가 이어지고 있었다. 그렇지만 할 얘기는 해야겠기에 일단은 귀사의 물건을 수입해서 한국 내에 판매를 하고 싶은데 어떻게 생각하시느냐고 물었다. OK가 나오면 방법론을 얘기할 생각을 하고 기다렸다.

그러나 바로 나온 대답은 NO였다.

순간 당황도 되고 물건 팔아주겠다는데 안 된다고 하니 기분이

싸하고 벽에 부딪히는 느낌이었다. 순간 무슨 표정으로 어떤 말을 해야 할지 갈피를 못 잡고 있을 때 가와무라 사장이 얘기를 이어 갔다.

지금까지 두 번 한국 사람과 거래를 시도했었는데 한번은 D사와 거래를 약속하고 자기 공장까지 보여줬더니 얼마 안 가서 한국에서 모든 것을 카피copy하여 제품을 만들고 있더라. 또 한번은 청계천 공구상사에서 대량 주문을 해놓고 대금을 안 줘서 피해를 많이 봤다. 그래서 한국 사람과는 직접 거래를 하지 못하겠다는 것이었다. 그런 내용을 듣고 나니 아주 난감하였다.

알았다 하고 돌아올 수도 없고 가와무라 사장을 설득해야 할 텐데 일본말이 능숙하지도 않고. 나는 할 수 없이 준비해 간 한일·일한 사전을 꺼내 놓고 사전을 찾아가며 설득에 나섰다. 나의 소개를 상세히 다시 하기로 마음먹고 설득을 해 갔다.

대덕전자에 18년간 근무를 했다. 학교는 덕수상고라는 일류상고를 졸업했고 야간대학도 다녀 졸업까지 하였으며 가진 것은 없지만 성실과 책임감은 어느 누구보다 자신 있다. 그러니 그런 사람들과 나를 같은 사람 취급하지 말고, 믿고 한 번 거래를 해달라고 진심을 실어서 여러 번 사전에서 단어를 찾아가며 얘기를 했다.

역시 진심은 통하는 법. 그럼 거래는 하되 독점 거래는 안 된다고 해서 그건 좋다고 하고 거래를 하기로 했다.

거래를 하게 된 것에 대한 감사한 마음에 '아리가도 고자이마스'를 연발했다.

내친김에 한 가지를 더 부탁을 드리고 싶다고 했다. 한국에서 무역업을 하려면 대리점 계약서가 필요한데 대리점 계약을 해주시면 고맙겠다고 했더니 이번에도 그건 곤란하다고 했다. 여기까지 와서 대리점 계약을 못 하고 가면 항공료에 호텔비에 이건 아니다라는 생각에 서투른 일본말로 한국의 무역시스템에 대하여 장황하게 설명하면서 계약을 해주면 나에게는 커다란 도움이 된다고 간절하게 반복해서 설명을 했다.

진심어린 호소가 주효했는지 드디어 대리점 계약을 하자고 하는 것이 아닌가. 이 순간에 나는 미리 준비해 온 대리점 계약서를 가방에서 꺼냈다.

계약서가 여기 있으니 여기에 싸인을 해주시면 됩니다. 이번에는 쉽게 싸인을 하겠지 했는데. 앗! 싸인을 못하겠다고 한다. 자기는 영어를 잘 몰라서 영문 계약서에는 싸인을 할 수 없다고 한다. 아하 여기서 물러서면 지금까지 얘기한 게 물거품이 되고 언제 또 만난단 말인가? 또다시 난감해지고 적막감이 흐른다. 잠시 고민을 한다. 자칫 영어를 모른다는 자존심을 건드리는 용어를 쓰면 낭패가 될 게 뻔하기 때문에 심사숙고해서 마음을 정리하고 차분히 다시 말을 시작한다.

에~ 이 계약서는 무역업을 하려면 꼭 필요한 것이고 무역업에서 많이 쓰는 표준계약서 양식이기 때문에 간단한 것이므로 내가 설명을 드리겠다. 사장님도 금방 이해가 가실 것이라고 조용한 톤으로 얘기했다.

간절하고 절박해하는 나의 심정을 못 읽었을 리가 없었다. 나의 간절함이 통했다. 그럼 어디다 싸인 하면 됩니까라는 말이 떨어지기 무섭게 나는 왼쪽 하단에 하시면 된다고 했다.

힘차게 가와무라川村 かわむら 테루오輝夫 てるお라고 쓴 뒤 영어로 싸인을 했다. 이 순간 내 몸은 설탕이 되어 녹아내리는 느낌이었다. '아리가도 고자이마스'를 수없이 반복해서 하면서 귀중한 대리점 계약서를 비닐 커버에 곱게 넣어서 얌전히 가방에 넣었다.

그다음 일본말을 전부 까먹었다. 아무 말도 할 수가 없었다. 솔직히 빨리 여기를 벗어나 호텔 방에 가서 계약서를 다시 한번 보고 싶은 마음뿐이었다. 그만큼 여기서 있었던 몇 시간이 엄청난 긴장으로 노심초사하며 실낱같은 끈을 쥐고 있는 시간이었던 것이다.

이러는 나를 향해서 가와무라사장이 한 말씀 했다. 내가 김사장이 돈을 많이 벌게 해줄 테니 열심히 해봐요.- 후일 왜 나를 부자가 되게 해주겠다고 한 말의 의미를 물었더니, 자기도 젊었을 때 사업을 어렵게 시작했는데 김사장을 보니까 그때가 떠올라서 도와주고 싶은 마음에서 그렇게 말했다고 하였다.-

가와무라 사장은 점심때 일본 음식을 사주면서 저녁 식사도 같이하자고 했다. 기다렸다가 저녁때 한국식 식당으로 같이 갔다. 김치찌개로 기억되는데 거기서 밥 세 그릇을 먹어 치웠다. 일본 음식에 쉽게 적응도 안 되고 오랜만에 탄수화물을 만나니 허겁지겁 군대 시절 휴가 때 먹었던 밥맛 다음으로 맛있는 식사를 했다.

이렇게 해서 한국의 ㈜동하통상과 일본의 타이거스틸 사이에 국제 계약이 성사되었다.

　호텔로 돌아와서 계약서를 다시 꺼내 보면서 혼자서 얼마나 기뻐했는지 모른다. 말할 상대가 없어서 혼자서 기쁨을 참느라 애를 먹었다. 이 대리점 계약서를 기반으로 수입 판매를 하기 위한 무역업 등록을 했다. 사무실 한쪽 벽에 걸린 사업자등록증 옆에 무역업 등록증과 대리점계약서를 같이 걸었다. 아주 당당하고 자랑스럽게.

　이제 어느 누구를 만나도 뭐 하느냐고 물으면 금형 부품 판매업 일본 대리점을 한다고 당당하게 얘기할 수 있게 되었다. 이로 인해 무역대행업과 더불어 나의 전공인 무역업*을 할 수 있게 되니 거래처가 늘고 사업이 점차 안정적으로 자리를 잡아갔고 관련 업계에도 많이 알려지게 되어 꾸준히 성장할 수 있었다. 자연히 여기저기 갈 곳이 늘어나다 보니 밖에서 사람들을 접촉할 기회도 많아졌다.

　사업이 좀 커지다 보니 자금이 부족해서 외부의 조달이 필요해졌다. N전업의 2년짜리 어음을 할인해서 쓰자니 아깝고 주변 사람 누구에게 돈을 빌리기가 마땅치 않았다. 막연하지만 신용보증기금을 찾아갔다. 의외로 대덕 근무 경력 18년을 높이 평가하여 담보 없이 3천만 원을 보증받을 수 있었고 이를 기반으로 은행에서 저리로 대출을 받을 수 있었다.

----

* 무역업 : 회사가 직접 수출입업을 영위營爲, 무역대행업 : 남의 회사 수출입업을 대행하는 업종

열심히 살다 보면 어려움도 극복할 수 있다는 것을 알 수 있었다. 넉넉하게 자금이 확보가 되다 보니 자신감도 찾게 되고 적극적으로 사업을 추진해 보고 싶다는 의욕을 불러일으키는 계기가 되었다.

일단 일을 벌여 놓은 후에 해법은 찾아가자는 것이 나의 경영 철학이 되어가는 시발점이었다고 생각된다. 만약 부도를 맞고 주저앉아서 친구를 원망만 하고 있었다면 아마도 나의 인생은 거기서 끝났을 것이다. 그러나 나는 끊임없이 일을 찾고, 가능성이 낮은 일이라도 적극적으로 추진하고 간절한 바램으로 결국에는 일을 성사시키고 원활하게 진행될 수 있도록 매사를 꼼꼼하게 준비해서 튼튼하게 사업 기반을 다져 나갔다.

일을 성공적으로 성사시켰을 때 주선해 준 사람에게도 감사의 의사표시를 할 수 있으므로, 반드시 성공시키는 것이 중요하다.

이렇게 해서 거래처도 늘어나고 매출도 늘어나서 점차적으로 회사의 틀을 갖추어가고 있었다. 다만 관리 매뉴얼이 준비가 되어 있지 않은 것이 다소 걱정되었다.

사업의 코어core

사람이든 조직이든 회사든 주특기가 있어야 하고 주특기가 있다. 그런데 창업 초기 나의 주특기는 직장 생활을 통해 얻은 관리능력과 자신감뿐이었다.

창업한 회사의 코어가 좀 애매했다. 회사의 코어 즉 중심이나 핵심을 관리능력이나 자신감이라고 말할 수는 없지 않은가.

창업 초기 나름대로 우리 회사의 코어를 만들어 보려고 무진 애를 써봤지만 그것은 오랜 기간을 거쳐서 만들어지는 것이지 억지로, 단숨에 만들어지는 것이 아니었다.

기술 분야의 회사는 기초를 바탕으로 기술을 쌓아가다 보면 코어가 만들어지겠지만 특별한 업종 없이 막연하게 창업한 일반적인 회사는 핵심 또는 중심이 될 수 있는 분야를 찾기가 쉽지 않다. 생각해 보니 내가 사장인 동하통상은 코어가 없었다.

그러나 나는 자신감을 바탕으로 마음을 다잡아 먹었다.

내가 잘할 수 있는 무역 분야에서 일을 찾아 사업화해서 코어로 만들자. 또 관리를 잘하는 것도 하나의 코어다.

먼저 타이거스틸 대리점을 기반으로 무역업 허가를 취득하고 본 격적으로 관련 업무를 하다 보니 나의 이익뿐 아니라 거래처에도 수익 창출이 되는 즉 상생 효과가 크다는 것을 알았다.

우리나라 경제의 큰 축을 이루는 것이 수출과 수입을 하는 무역 업이라고 해도 과언이 아니다. 따라서 이 분야에는 대외 경쟁력을 높이기 위하여 국가적 지원이 많이 있기 때문에 잘 활용을 하면 많은 혜택을 볼 수 있으며 경쟁력을 향상시킬 수가 있기도 하다.

DS라는 회사에서 수입 대행을 의뢰받고 나는 관련 관세법을 철 저히 검토하여 법에 따른 관세 감면과 관세 징수유예를 적용하여 금전적 큰 수익과 혜택을 받을 수 있도록 조치해 주었다.

그로 인하여 그 회사 사장으로부터 만나자는 연락이 와서 방문 하였더니 관세 이거 이렇게 해도 되는 거냐고 물었다. 예상하지 못 한 혜택을 받아들이기가 어려워서인지 직접 확인해 보고 싶었던 것이었다.

당연히 됩니다. 법에서 귀사 같은 기업에 혜택을 주기 위한 제도 이니 걱정하지 않으셔도 됩니다. 라고 안심을 시켜주었다.

대행 수수료는 조금 여유 있게 받았다. 추가로 사례를 한다기에 그것은 극구 사양을 했던 기억이 있다. 이를 기반으로 거래처도 늘 어났고 다른 사업으로 파생되는 효과를 보았다.

후일 타이거스틸 회장께서 나의 성공 근원은 '관리'라고 평가하기도 했다.

관리는 요령이 아니라 매사를 투명하고 정상적으로, 원칙대로 할 때 후일 좋은 결과를 기대할 수 있다. 원칙에 입각한 일 처리는 결과적으로 다음 일을 추진할 때 힘이 되고 노하우로 작용을 한다. 원칙에서 벗어난 일 처리는 그것을 숨기기 급급하여 다른 일을 그르치는 역효과를 유발하게 된다.

나는 내 개인의 코어인 관리능력을 바탕으로 회사의 코어가 될 만한 일을 계속 찾아야 한다.

관리가 필요한 시기

사업 초기에는 하는 일도 별로 없고, 해야 할 일도 별로 없다 보니 조직적으로 관리할 일도 없어 모든 게 한눈에 들어왔다. 18년 동안 관리 업무를 주로 했던 나로서는 뭔가를 관리하고 싶은데, 아니 관리를 해야 할 것 같은데 관리할 것이 없으니 몸이 고무풍선처럼 공허한 상태로 변해가고 있었다.

그런데 몇 달 사이, 회사에 변화가 생기기 시작했다. 무역업, 무역대행업, 전자부품 대리점 등 혼자서는 감당할 수 없을 정도로 일거리가 생기고 매출액도 꽤 늘었다. 관리 인원이 없는 상태에서 매출액이 늘어가면 금전 관리가 자칫 소홀해질 수 있다. 특히 짧은 기간에 매출이 증가하면 미지급금이 얼마인지 미수금이 얼마인지 파악이 안 될 수가 있다. 이런 상황이 고착화되면 돌이킬 수 없는 큰 문제가 생길 수도 있다.

그러던 어느 날 우연히 주로 경리 분야에 있는 친구들 여러 명이 우리 사무실에 모였다. 때는 이때다 싶어 이런 상황을 얘기하고 친구들에게 자문을 구했다. 매일 체크할 수 있는 경리 관리양식을 만들어 달라고 부탁했다. 역시 경리 분야에 오랜 경력을 쌓은 친구들이라 앉은 자리에서 양식을 만들어 주었다. 이를 바탕으로 현금, 예금, 적금, 보험, 대출금, 당일 입출금 내역 등 매일 자금의 현황을 파악할 수 있는 이름하여 '경리일보'를 만들었다. 이 경리일보는 당시 회사 경영에 필수적이면서 최소한의 관리시스템이었다.

매일 아침 경리 담당자로부터 일보를 가지고 전날 경리 상황을 보고받은 후 하루 일과를 시작했다. 경리 담당을 믿었다가 큰일을 당했다는 사장들이 한둘이 아니다. 그도 그럴 것이 회사 자금이 직원들에게는 때에 따라 돈이 아니라 숫자로 보이는 경우가 많기 때문이다. 그래서 경리 분야는 끊임없는 관리 감독이 필요하다.

창업 후 어느 정도 시간이 지나고 일정 규모가 되면 자금을 철저하고 투명하게 관리하는 것을 습관화해서 항상 자금의 흐름을 정확하게 파악하고 있어야 한다.

우연한 기회

사업이 안정화되면 주변에 사람들이 모여들게 되고 이들에게 소소하게 베풀다 보면 또 다른 기회 제공자로 변신하는 경우가 있다.

어느 날 친구가 사무실에 잠시 들르러 왔을 때 마침 일본과 통화할 일이 있었다. 내가 통화하는 걸 옆에서 듣고 있던 친구가 일본 말이 그렇게 능통한 줄 몰랐다고 하면서 찬사를 아끼지 않았다.

자기가 꼭 필요한 기계가 있는데 일본에 중고 기계를 알아봐 달라고 부탁을 하는 것이다. 잘 알지도 못하는 기계였지만 진지하게 부탁을 하기에 들어주는 차원에서 일본에 연락을 해두었다. 혹시 해당 기계가 있으면 소개를 해달라고 했는데 며칠 후 좋은 물건이 있다고 연락이 왔다. 그래서 그 친구와 함께 일본 현지를 방문해서 기계를 직접 확인하고 일본 측이 한국에 와서 설치와 시운전까지 해주는 조건으로 계약을 했다. 계약은 잘 이행되어 완전하게 인수

인계가 됐고 설비가 원활하게 가동되어 친구는 대만족을 했다. 나는 수수료를 챙기고 일본의 거래처가 한 군데 늘어나는 실익도 있었다.

그 후 그 설비를 보고 간 사람들이 그와 같은 기계를 사달라고 줄을 서기 시작했다. 당시 1995년의 일본은 엔고円高와 노조 문제로 부동산 버블이 꺼지기 시작하면서 일본 전체가 가라앉는 시기였다. 제조업들은 대부분 해외로 이전되거나 자연 소멸되는 과정에 있었다. 이런 현상이 안타깝기는 했지만 나에게는 기회로 다가오고 있었다.

그 친구 덕분에 어느덧 나는 CNC DRILL M/C* 수입 판매상이 되어있었다. 큰 사업가라도 되는 양 나는 매월 한두 차례씩 일본행 비행기를 탔고, 갈 때마다 성과가 있었다. 나름 이쪽 분야에서 산업 발전에 기여하고 있다는 생각이 들 정도로 분주했다. 필요한 기계를 적기에 공급해 주므로 해서 많은 일자리를 창출하고 여러 사람에게 사업을 시작할 수 있는 계기를 만들어 주는 역할까지 하면서, 짧은 기간에 적지 않은 돈도 벌 수 있었다.

우연한 기회로 기계판매업을 하게 되었는데 이 결과는 나중에 반월공단의 공장을 매입할 수 있는 금전적 기반이 되었다.

IMF관리체제**가 되면서 수입 판매하는 금형부품은 수입 원가

---

* Computer Numerical Control Drill Milling Machine 컴퓨터 마이크로프로세서를 내장한 수치 제어 구멍 뚫는 공작 기계
** IMF(International Monetary Fund, 국제통화기금) 관리체제.
   동남아시아(태국, 홍콩, 말레이시아, 필리핀, 인도네시아 등)의 연쇄적 '외환 위기' 속

가 판매가보다 높아져서 사업이 엉망이 되어버렸다. 그러나 일본 인과의 약속도 있고 해서 그대로 버티기로 했다. 큰 규모로 해외 거래를 하던 많은 회사들이 외환위기에 휘청거리며 세상이 미쳐 돌아가는 시기였으니 우리는 숨도 크게 쉴 수 없는 지경이었다.

모두가 숨을 죽이고 있을 때 멀리 일본에서 한국의 경제 상황을 꿰뚫어 보고 있던 타이거스틸 가와무라 사장이 밤 11시에 국제전화를 걸어왔다. 그 당시 국제전화는 지금처럼 흔한 일이 아니었다. 지금 환율이 2배 가까이 올라 있으니 가지고 있는 재고를 일본으로 보내서 2배로 값을 받고 환율이 안정되면 다시 가져가라고 제안을 해왔다. 그리고 타이거스틸에서 필요한 연마기가 있으니 한국 기계를 수출해달라는 것이었다. 타이거에서 정상가격으로 사주더라도 2배 장사는 될 테니 그렇게 하자고 제안해 왔다.

즉시 서둘러서 연마기를 수소문해서 알아보고 D기계라는 업체를 선정하여 그 회사 기계를 수출하기로 했다. 그 업체는 어려운 시기에 일본으로 기계를 수출하게 되니 마치 공짜로라도 공급해 줄 듯 신이 났다. 사실 그 회사도 거의 망하기 직전이었던 것이었

에 외화보유액이 39억달러에 불과했던 대한민국이 IMF로부터 195억 달러의 구제금 융을 받고 **1997년 12월 3일부터 2001년 8월 23일**까지 IMF의 관리를 받았던 때를 말함. IMF에 경제위기, 외환위기, 환란, 사태 등을 붙여쓰기도 하고 그냥 IMF라 하기도 하는데 정확한 표현은 'IMF관리체제'가 맞음. 이 책에서는 상황에 따라 적절하게 선택해서 사용함

다. 그래서 연마기 3대를 수출하여 수입 원가 상승 부분을 만회하고도 남는 장사를 하게 되었고 타이거스틸과의 관계가 더욱 돈독하게 되었다. 이런 과정을 거치면서 우리 회사는 IMF외환위기를 슬기롭게 넘기고 현금흐름이 괜찮은 상황에서 세상을 바라볼 수 있게 되었다.

큰 기회는 시대의 변곡점에 온다

타이거스틸의 금형핀 사업도 히로세* 커넥터 유통 사업도 매월 상승곡선을 유지하며 커나가고 있으며 CNC DRILL 기계 사업은 마침 일본의 '잃어버린 30년'이 시작되는 타이밍과 맞물리면서 매월 1~2번은 일본 출장을 다녀야 할 정도로 바쁜 날들을 보내고 바쁜 만큼 성과도 꽤 있었다. 그러나 워낙에 무자본이었기 때문에 커다란 성과는 없는 상태로 2~3년을 보냈다. 하지만 나름대로 여유가 좀 생겨서 취미생활로 골프도 배우고 매월 일정 금액의 매출도 유지되는 상황이 되었다. 이쯤 되니까 매월 조금씩 저축도 되고 다른 뭘 해볼까 하는 생각이 들 때 나라 경제의 분위기가 바뀌었다.

전쟁터에 폭탄이 여기저기서 쉴 새 없이 터지는 기분이랄까. 그 파편이 언제 나한테로 튀어올지 모르는 아주 위급하고 살벌한 나

---

* 일본의 세계적 커넥터 제조회사

날이었다. 환율, 금리, 부도, 도산, 모라토리엄*, 파업, 파산, 외환, 구조조정, 부실채권, 합병, 위기 등 평소에 잘 등장하지 않던 경제 용어가 난무했다.

결국 IMF로부터 외화 구제금융을 받아야 하는 사태가 벌어졌다. 앞뒤 좌우, 동서남북이 분간이 안 가는 벌판 한복판에 홀로 서 있는 기분을 매일 느끼면서 이 혼란한 상황에서 언제 어떻게 벗어날 수 있을까 하는 막막한 상황의 연속이었다.

그 당시 신용이 높고 돈이 많은 기업과 개인들도 손실을 많이 보고 있었다. 외상 거래를 많이 한 사람, 대출을 많이 써서 기업을 키운 회사, 외국과 D/A**거래를 많이 해오던 기업, 외환 대출을 많이 쓰고 있던 기업, 수입거래를 많이 하던 기업 이런 기업들은 하루아침에 날벼락을 맞을 수밖에 없었다. 그뿐만 아니라 외국 차관을 싸게 들여다가 국내 기업에 이자놀이 하던 은행들도 동시다발적으로 폭망하였다. 수출하던 기업들은 환율이 급등하여 일시적으로 재미를 보았지만 부존자원이 없는 우리나라는 구조적으로 수입 없이는 수출을 할 수 없는 나라이기 때문에 이 또한 장시간 좋을 수가 없었다. 우리같이 작은 기업들은 손실도 적었고 피할 곳도 어느 정도는 있었다. 그러나 대출을 기반으로 자영업을 하던 개인과 부실한 기업과 거래를 크게 하던 소규모 자영업자나 중소기업들은 추풍낙

---

* moratorium, 채무이행이 어려워지게 된 경우 국가의 공권력에 의해서 일정기간 채무의 이행을 연기 또는 유예하는 일
** Document against Acceptance. 수입자의 거래 은행이 지급을 보증하지 않는 외상 거래의 수출입 결제 방식

엽처럼 쓰러져 갔다. 전문가들이 예측하길 이런 상황이 짧으면 5~10년, 길면 30년 동안 지속될 것으로 내다봤다. 모두가 쪼그라들고 웅크리고, 팔 수 있는 것을 최대로 팔아서 현금 확보에 주력하고 있었다. 치솟는 금리, 천정부지로 올라가는 환율, 끝없이 추락하는 부동산 가격, 그 누구도 천지를 분간할 수 없는 이런 상황을 겪어 본 사람이 없던 터라 누구도 믿을 수가 없었다. 믿을 것은 오로지 현금과 자신뿐이었다. 김대중 대통령으로 정권이 바뀌고 대기업, 은행, 공기업들이 구조조정을 당하고 그 사이 중소기업들은 소리소문없이 무너져 내렸다. 아마 경제 규모로는 6.25전쟁 피해보다 크지 않았을까 생각된다. 우리 회사도 큰 규모는 아니었지만 수입 판매를 하다 보니 상당한 피해를 보게 되었다. 그러나 예상보다 빨리 수습의 징조가 나타나기 시작했다. 즉 금리가 서서히 제자리를 찾아가고 환율도 서서히 내려가기 시작했다.

1998년 말쯤 나는 바깥세상이 궁금하였다. 반월공단을 느린 속도로 둘러보았다. 폭격 맞은 전쟁터가 따로 없었다. 공단 전체가 황량하였다. 하나 건너 하나씩 공장의 문이 닫혀있었다. 한 달 정도를 시간 날 때마다 둘러보니 이제는 결단해야 할 것 같은 예감이 들었다. 신정부-김대중 정부-가 들어서면서 IMF와도 협상이 잘 되어가고 온 국민의 금모으기 운동으로 해결의 실마리를 찾아가는 시기이다 보니 나의 걸음도 빨라지기 시작했다. 동원할 수 있는 현금을 모아보니 2억이 조금 넘었다. 이 돈을 종잣돈 삼아 살 수 있는 공장을 찾기 시작했다.

언젠가는 제조업을 하는 것이 꿈이 아니었던가? 그 꿈을 실현할 기회는 지금이었다. 어디에서 유효한 정보를 얻을 수 있을까? 생각해 보니 은행에 친구들이 많이 있기는 하지만 은행도 통폐합 문제 등으로 어수선하다 보니 바로 연결되는 친구가 없었다. 적임자라고 생각되는 사람이 한 사람 떠 올랐다.

기업은행에 근무하는 처조카 사위에게 적당한 공장 구입을 주선해달라고 당부해 두었다. 그것이 주효했다. 반월공단 주변에서 오랫동안 근무를 해왔기 때문에 많은 정보를 가지고 있었다. 여러 공장 정보를 보여주는데 공장을 골라서 살 수 있을 정도였다. 너도나도 파는데 주력했지 사는 사람이 없던 시절이었기 때문에 더욱 그랬다. 주어진 자금은 한정적이었고 당시 금리가 20% 가까웠기에 큰 금액을 대출하는 것은 너무 부담이었기 때문에 감당할 수 있을 정도의 공장을 찾다 보니 IMF관리체제 직전 시세의 50% 가격으로 살 수 있는 물건이 있었다. 물론 무엇을 할지는 생각도 못 했고 무작정 지금 사지 않으면 살 수 없을 것 같아서 매입을 추진하였다. 그래도 나에게는 워낙 큰돈이기 때문에 계약하는 날 아내를 철학관으로 일찍 보내서 이 물건을 사도 되겠는지 확인해보기로 했다. 계약서 도장 찍기 30분 전 아내에게서 연락이 왔다. 지금 사면 반값이니까 무조건 계약해도 된다고 했다.

자금 준비가 안 돼 있는 터라 잔금 기간을 3개월로 길게 잡아서 계약을 했다. 어쨌든 3개월이 다가오는데 상황이 급격하게 호전되고 있었다. 해약을 하자고 할까 봐 은근히 걱정을 하였다. 20% 가까이 하던 금리도 10% 중반으로 내려와서 금리도 크게 부담되지 않았다. 잔금 날짜에 맞추어 잔금을 무사히 치르고 800평 공장의 주인이 되었다. 사업시작 5년만에 기대하지 않았던 큰 공장을 갖게 되었다.

이 공장은 그 후 내가 사업을 펼쳐 나가는데 주춧돌이 되었고 마음껏 사업을 펼치는 터전이 되었다.

1997년 말에 시작된 IMF금융위기는 1999년 초부터 점차 정상화되기 시작했고 2000년이 되면서는 모든 산업이 상승곡선을 타게 되고 산업의 변화가 급격하게 이루어지면서 나에게는 또 다른 기회가 찾아오고 있었다.

시대의 변곡점이 생기면 위기와 함께 기회도 온다.

제조업으로 재창업

사업 초기에는 구체적으로 준비된 아이템이 없었기 때문에 자연스럽게 무역업으로 출발하게 되었다. 당시에는 무역업이 특수 전문 분야이었기 때문에 자존감을 가지고 일을 할 수 있어서 좋은 면도 있었으나 수익이 워낙 적어, 다른 아이템을 늘 염두에 두고 있어야만 했다. 가진 자금이 없다 보니 소소한 유통업도 병행했다. 특별한 기술이나 많은 인원이 필요하지 않아서 운영에 큰 무리는 없었다.

시간이 갈수록 무역과 유통의 매출 규모가 커졌지만 새로 매입한 공장에서 시작하려 마음먹고 있는 제조업에 필요한 기본적인 스킬skill을 쌓기에는 거리가 있었다.

많은 사람이 고통받았던 IMF경제위기 때 나는 좋은 가격으로 공장을 매입했다.

　기존 사무실을 공장으로 옮겼다.

　아내와 함께하던 원단 사업도 이때 접었다.

　꿈을 꾸고 있는 듯한 기분이었다.

　하지만 이는 잠시였다.

　800평 공장에 보이는 거라고는 전기 배전반과 천장에 달린 전등뿐이었다. IMF관리체제가 한창 진행 중이라 지체 높은 분들도 뜬구름 잡는 얘기만 하던 이때 아니면 공장을 살 수 없다는 확신으로 공장을 샀는데, 나에게 제정신이 아니라고 수군대는 사람들이 많았다. 사실 이런 때 앞날을 전망한다는 것이 쉽지는 않은 일이다.

　막연히 제조업을 동경해서 벌어진 일이다 보니 공장을 인수하여 입주하였음에도 어디서부터 무엇을 어떻게 해야 할지 엄두가 나지 않았다. 제조업이란 기본적으로 시설, 자금, 노동력 세 가지가 갖추어져야 제대로 돌아갈 수 있는데 아무것도 없는 것이나 마찬가지인 상태이다 보니 막막했다. 또한 800평이라는 공장은 왜 그리 커 보이는지 이 넓은 공장을 다 채운다는 것은 불가능하다는 생각밖에 안 들었다. 자본도 기술도 노동력도 전무한 상태였다.

　공장에 들어서면 등이 서늘하고 이 큰 공장을 무엇으로 채우나 하는 생각 등 걱정거리가 한둘이 아니었다.

　첫 번째는 매입 금액의 60%를 대출금으로 충당하면서 '이자는 연체 없이 꼭 기한에 내자'고 마음먹었지만 높은 금리의 이자가 큰 부담이었다. 두 번째는 800평이나 되는 큰 공장에서 과연 무엇을 해야 하나? 세 번째 제조업을 하려면 설비가 있어야 하는데 무슨 돈으로 설비를 마련하고 필요한 운영자금은 어떻게 마련하나? 네 번째 회사 운영에 필요한 영업, 총무, 경리 등 관리직과 엔지니어와 기능직 등 생산직은 어떻게 뽑고 어떻게 유지할지 등 막막하기만 하였다.

아무것도 준비된 것이 없었는데 조급한 마음과 걱정은 사장인 나만의 것이었지 직원들뿐 아니라 주변의 누구도 관심이 없었다. 어떻게 풀어나가야 하는지에 대한 과제를 짊어지고 이리 가보고 저리 가봐도 쉽게 해결 방안이 나오지 않았다.

궁리 끝에 되든 안 되든 우선 공장의 일부를 임대하기로 하고 물건物件으로 내놓았다. 이 방법만이 은행 대출금 이자를 낼 수 있는 길이었고, 적정가에 임대가 되면 임대료 수입으로 이자는 걱정하지 않아도 된다. 일이 풀리려고 그랬는지 한 달 만에 착실해 보이는 적임자가 나타났고 알맞은 가격에 임대가 성사됐다. 당분간 이자 걱정 없이 사업에 집중할 수 있게 되었다.

기존의 전자부품 유통과 수입 금형핀 매출은 꾸준히 유지되고 있었다. 그럴 뿐만 아니라 당시는 현금거래가 불문율이었기에 캐시플로우cash flow가 좋아 회사를 유지하는 데는 큰 어려움이 없었다.

이러다 보니 차차 심리적으로 안정이 돼서 새로운 사업 아이템을 금형사업으로 정하고 공장 레이아웃layout을 그렸다.

공장의 3분의 1은 이미 임대로 주었고 나머지를 둘로 나눠서 하나는 금형 공장 하나는 전자 부품공장으로 운영하기로 방향을 잡았다.

이런 와중에 무역 쪽 거래업체의 제안으로 수입품을 대체할 수 있는 철판 절곡 사업을 추진하다 절곡기 개발의 실패로 포기하기도 했다.

때마침 IMF금융위기의 고통을 온몸으로 겪던 자그마한 2개의 회사가 나에게 회사를 매입해 줄 것을 제안해 왔다. 나의 계획을 어떻게 알았는지 하나는 금형 회사고 하나는 전자부품 조립회사였다.

당시 상황은 많은 기업이 사업을 접을 수밖에 달리 방법이 없는 경우가 부지기수였다.

그러나 한편으로는 사업의 기회가 넘쳐나는 그런 시기이기도 했다.

2개의 회사를 매입한 후 일단 금형 설비를 갖췄다.

중고 기계시장에는 쓸만한 기계들이 많이 나와 우리를 기다리는 실정이었다. 물론 좋은 값으로 설비를 갖출 수 있었고 여기에 일자리를 찾는 사람들도 넘쳐나는 실정이라 실력있는 엔지니어 확보가 그리 어렵지는 않았다. 천부적인 재능을 가진 영업 최과장의 역량으로 금형 오더도 쉽게 확보했다.

모든 것이 순조롭게 진행이 되고 있다고 판단하였으나 금형이라는 것이 일반 공장에서의 제품을 생산하는 것처럼 설비와 기술자 몇 명 갖추었다고 만들어지는 것은 아니었다.

엔지니어들의 일하는 자세가 문제였다. 모두 어려운 시절인데도 기술자들은 곤조*가 그냥 남아 있었다. 어렵사리 사원을 뽑아도 잦은 결근으로 납기를 맞출 수가 없었고 이를 무마하기 위해서는 발주처에 접대와 영업비가 들어가야 했다. 전자업계에서의 경험과는 아주 딴판이었다.

막 시작한 금형 사업을 어떻게 끌고 갈지 고민이 깊어 갔다.

요소요소에 적절한 기술과 맞는 설비 그리고 소재부터 가공 마무리까지 매끄럽게 진행이 될 때 상품 가치가 있는 금형을 만들어 낼 수 있다. 그런데 중간에 이런저런 차질이 생기면 돌이킬 수 없는 일이 벌어지고, 거래처에도 피해를 줄 수 있다는 것을 문제가 생기면서 알게 되었다. 이런 상황을 종합해 보니 우리 회사의 여건으로는 금형을 제작한다는 것이 어렵겠다는 생각이 들었다.

사장인 나의 안목이 부족해서 비롯된 일이었다.

일 처리를 깔끔하게 마무리하는 데 한계가 있었고 설비와 기술력이 부족한 상태에서 섣부른 출발을 했기 때문에 고객의 만족을 얻어내는 데 실패했다.

이 일을 지속적으로 유지할 수 없다고 판단되어 일반 금형업을

---

* 根性의 일본말. 고집이 세고 고약한 성질. 또는 그런 성질을 부리는 버릇이나 태도

빠르게 정리를 했다.

이때 마침 이사장이라는 지인이 PCB* 금형 공장을 매각하고 싶다는 의사를 전해왔다. 여유는 없었지만 좋은 기회라는 생각이 들어서 계약을 했다. 그러나 일주일 후에 계약을 파기하자고 해서 그 일은 성사되질 못했다.

앞서 매입한 두 개의 회사 중 하나를 인수해서 운영하는 전자부품 조립업도 제대로 굴러가질 않고 있었다.

그러던 어느 날 지난번 해약했던 PCB 금형업체에서 다시 연락을 해왔다. 이번에는 조금 낮은 금액으로 제의를 하기에 검토를 한후 계약을 하게 되었다.

PCB 분야는 내가 잘 아는 쪽이니까 무리 없이 인수해서 공장 가동을 할 수 있었다. 기존 거래처도 있고 현장 인원도 그대로 인수했기 때문에 첫 달부터 흑자가 났다. 그 회사 사장을 공장장으로 일할 수 있게 했기 때문에 영업적으로나 기술적으로도 별로 걱정할 일이 없었다.

이렇게 6개월쯤 지났을 때 갑자기 계약 내용과 달리 공장장이 그만두었다. 그는 그사이 새로 금형 공장을 차리고 우리와 거래하던 거래처도 가져가 버렸다. 설상가상으로 엔지니어까지 데리고

---

* Printed Circuit Board, 인쇄 회로기판

가서 졸지에 공장이 올스톱되고 말았다. 내 자신이 한심하기 짝이 없었다. 일부 거래처에서 적극적으로 지원을 해주기는 했지만 어쩔 수 없이 힘든 시간을 보내야 했다.

이런 일이 있은 다음 해 3월에 직원 2명을 데리고 일본 JPCA* 전시회를 참관했다.

세계적으로 정평이 나 있는 관련 회사들이 모두 모이는 전시회인 만큼 볼 것들이 너무 많아서 정신이 없을 정도였다. 나는 사업거리를 찾으려고 집중을 했지만 본 것으로 만족하면서 돌아오려는데 뭔가를 하나라도 들고 가야겠다는 욕심이 생겨, PCB 산업 동향을 읽을 수 있는 잡지를 한 권 사 가지고 귀국하였다.

귀국 후 그 잡지를 자세히 읽어보다 흥미로운 PCB 산업의 전망을 접하게 되었다. 앞으로 신기술 FPCB**의 시장이 열리고 급격한 변화를 가져오게 되며 그 성장 속도가 매년 15%이상 씩, 향후 7년 이상 계속될 것이라는 예측을 한 내용이었다.

일본어를 어느 정도 할 수 있었기에 얻을 수 있었던 정보이기는 하나 이 내용을 접한 사람들은 수없이 많았을 것이다. 많은 사람이 지나쳐 버렸을지 모르지만 나에게는 황금 같은 정보로 보였다.

새천년이 시작되는 2000년이 되자 무선 핸드폰의 수요가 폭발

---

* Japan Electronics Packaging and Circuits Association 일본 전자회로 공업협회
** FLEXIBLE PCB 연성 인쇄회로기판

하고 동시에 FPCB 금형 수요도 폭주하기 시작하여 잡지에서 본대로 PCB시장은 급격히 변하고 있었다.

우리는 일단 서툴지만 금형 오더를 받고 나서 개발과 양산을 동시에 추진하기로 하였다. 하지만 쉽지 않은 일이었다.

이때 신승민이라는 똘똘한 신입사원을 지목하여 FPCB 금형 개발 연구소를 꾸렸다. 연구소라 해봐야 엔지니어 한 명에 최소의 기초 설비를 갖추고 연구를 시작하게 했다. 그러나 관심과 열의는 대기업 연구소보다 높고 뜨거웠다. 밤샘 연구는 기본이고 작은 기술과 벤치마킹도 우리는 소중한 보물처럼 다듬고 되짚어 보면서 수없는 실패를 거듭하며 PCB 시장의 판도를 읽어가고 있었다. 시장은 우리를 기다려 주지 않고 예상보다 훨씬 급격하게 바뀌어 갔다. 미래에 대한 확신이 있던 우리로서는 마음이 점점 더 조급해졌다.

반년 이상의 개발 연구 끝에 드디어 우리는 FPCB 금형을 만들어 내는 데 성공했다.

우리는 FPCB 금형을 출시할 계획을 세우게 되고, 마침 종합전시장인 킨텍스에서 개최된 PCB 전시회에 참여하여 FPCB 금형을 출품도 하고 우리 회사를 홍보하는 기회로 삼았다. 그리고 우리 동하기업이 한국에서 3번째로 FPCB 금형 업체 등록을 하게 되었다.

비로소 동하기업이 명실상부한 제조기업으로서의 재창업을 하는 순간이었다.

2. 바른 경영

기업이란

오늘날 경영학계에서 다루어지고 있는 기업 경영에 관한 내용은 대부분 내로라하는 대기업, 초대형기업에 초점이 맞추어져 있고 애플, 마이크로소프트, 아마존, 테슬라, 삼성, 현대, LG, SK, 포스코 등 세상에 너무 잘 알려진 기업에 대한 성공사례나 경영사례만이 연구의 소재로 가치가 있는 것으로 인식되고 우리는 이런 것들을 소재로 가르치고 배우고 있다.

그러나 경제의 현장에는 수많은 중소기업 경영 현장이 있고 이곳은 우리가 아는 것과는 다른 것들이 너무 많다.

그래서 나의 중소기업 창업과 경영에 관한 소소한 사례들을 열거하여 이야기를 나누어 보고자 하는 뜻이 이 책에 담겨 있다.

크든 작든 기업은 기업이다.

企業을 풀어 써보면 人 + 止, 業 즉, 사람이 머물러서 일하는 곳이다. 기업이란 일단 사람이 있어야 하고 사람이 있을 만한 곳이어야 한다. 그리고 합당한 일거리가 주어져야 기업이라고 할 수 있을 것이다. 이 두 가지 조건이 충족한다면 기업은 지속적으로 발전해 갈 수 있을 것이고 기업을 경영하는 사람들은 이 점을 명심하여야 할 것이다.

작은 예를 하나 들어보자. 나는 1994년 ㈜동하기업 법인을 설립하고 얼마 안 되어 국민연금법-연금 가입 시 50%를 회사에서 부담해 주는 국민연금법-이 바뀌었다. 5인 이상의 기업만 국민연금에 가입할 수 있었다. 5인 이하는 가입이 불가하였다. 당시 직원 수가 2명인 우리는 가입 대상이 안되었다. 상대적으로 우리 직원들은 불이익을 받을 처지가 되었다. 나는 그 법의 시행과 동시에 급여의 3%를 지원해 주고 직원 두 명에게 개인연금에 가입하도록 해주었다.

이런 내용은 대기업에서는 아무 생각 없이 지나칠 수 있는 문제이지만 중소기업 경영자는 절대 그냥 지나치면 안 되는 문제라고 생각했다.

우리나라에는 중소기업 보호라는 명목 아래 정부의 크고 작은 지원이나 보호 정책들이 있다. 이 내용을 보면 사업자에게는 유리하지만 근로자들에게는 불리한 경우도 많이 있다. 물론 경영환경이 상대적으로 열악한 중소기업을 위한 제도인데 정부의 지원이 없어도 되는 여력이 충분한 중소기업도 많이 있다.

이런 경우에는 경영자가 스스로 직원들에게 동일한 혜택을 부여해 주어야 한다. 법이 그러니 할 수 없다고 생각하는 경영자라면 그 기업은 영원히 중소기업에서 벗어날 수 없을 것이다. 모든 것을 따라갈 수는 없겠지만 할 수 있는 데까지는 해야 하고, 중소기업의 장점을 살려 가야 한다. 혜택만 받고 직원에 대한 배려를 등한시한 다면 직원들의 열정을 기대할 수 없을 것이고 열정 없는 직원들로 구성된 기업은 결코 강한 기업이 될 수 없을 것이다.

옹달샘 같은 회사를 꿈꿔 왔다

18년간 꿈꿔 오던 사업가의 길로 들어서면서 많은 것들을 생각했다. 막연하게 사업을 해야겠다는 생각만 했지, 어떤 사업을 어떻게 할지 정해놓은 것이 없었지만 한 가지는 생각해 둔 게 있었다. '100년 이상 유지될 수 있는 기업을 만들어 보리라'. 이런 기업을 만들어 놓는다면 여러 가지 좋은 것들이 생겨 날 것이고 그로 인하여 나의 주변이 행복해질 수 있을 것이라는 확신을 가지고 있었다.

애초 사업가의 출발점을 사회생활을 시작한 날로부터 10년 후로 정했었으나 10년이 지나서도 사업을 시작하지 못했고 그 후 8년이 더 지나서야 사업을 시작할 수 있었다. 시작이 이렇게 어려운 것이라면 내가 생각했던 원대한 꿈은 너무 멀리 있고 그 길은 상상 이상으로 험난할 것이라는 압박감이 다가왔다. 그래서 그 꿈을 소박하게 바꾸어 보았다.

"옹달샘 같은 회사를 만들어 보자"

강의 물은 넓은 지역 여러 분야의 많은 사람에게 영향을 미치면서 바다로 간다. 옹달샘이 비록 작고 물이 적지만 강물의 근원이다. 결국 옹달샘들의 물이 모여 바다로 가는 것이다. 일단 나의 목표를 '옹달샘 같은 회사'로 정하고 여기에 충실해지기로 했다. 사업의 시작은 지극히 신중하게 하여야 하고 시작을 했다면 '바른 경영'을 해서 흔들림 없이 정도正道를 가야 기업이 지속해서 유지 발전할 수 있는 최선의 길이라고 생각했다.

큰돈을 벌고 대형기업으로 가는 것은 이차적인 문제라고 생각한다. 그러나 기업을 경영하다 보면 욕심도 나고 무리하게 사업을 확장하게 되는 경우를 쉽게 볼 수 있다. 사실 이런 욕심이 없으면 사업을 일궈낼 수가 없을 것이다. 그렇지만 마음껏 욕심을 내다보면, 성장할 시기에는 영원히 그런 날이 계속될 것 같은 착각에 빠지게 되고, 앞만 보고 달려가다 보면 너무 멀리 왔거나 엉뚱한 방향으로 가고 있다는 것을 깨닫게 된다.

이때는 이미 자기의 역량을 벗어나 있을 수도 있고 혼자 감당하기가 버거워서 건강을 잃을 수도 있다. 중소기업 경영에서 흔히 있을 수 있는 일들이다. 어느 정도 규모 이하의 중소기업은 대부분 사장 혼자의 역량으로 기업을 끌고 가는 경우이기 때문에, 가끔 통제가 불가능한 상태로 사업 추진이 되다 보면 범주를 넘어서게 된다.

쉽지는 않겠지만 사업의 크기나 범위와 방향을 미리 정해놓고 정해진 목표만큼 달성이 되면 만족을 하고, 충분히 숙성된 후에 새로운 것을 추구하는 것이 맞을 것이다. 만약 이런 숙성구간을 간과하고 무작정 달리다 보면 안 할 수 없는 극단적 선택을 할 수밖에 없는 곤경에 처할 수가 있다. 줄기를 튼튼하게 하면서 가지를 번성하게 하여야 하는데 한 가지에 너무 많은 것을 쏟아붓는 우를 범하게 된다. 이렇게 되면 초심은 온데간데없고, 주위 사람들도 떠나고, 혼자 외로운 사투를 벌여야 하는 상황이 되기도 하고 걷잡을 수 없게 될 수도 있다.

어느 정도의 성과에서 만족할 줄 알고 그 만족을 주변 사람들과 함께하며 즐기기도 하면서, 보다 넓고 보다 높은 곳을 꿈꾸면서 큰 안목을 키워가야 할 것이다. 조직이 커지면 반드시 조직을 끌고 갈 수 있는 관리자가 있어야 한다. 만약 군대에 수많은 군인과 엄청난 무기가 있어도 그것을 제대로 운영할 수 있는 조직이 없거나 체계적인 관리가 되지 않는다면 군인과 무기는 무용지물일 것이다. 군대의 경우를 예로 보면 한 사람이 지휘할 수 있는 최대인원 8~10명의 1개 분대라는 최소 단위 조직이 있고 그 위로 소대 중대 대대 연대 사단 군단 등의 조직을 갖추어 운영을 하기 때문에 모든 명령이나 지시 사항이 일사불란하게 전달되고 전투력이 유지되는 것이다. 기업도 마찬가지이다. 대부분의 대기업은 이런 식으로 조직이 갖추어져 있다. 그래서 흔히 대기업은 조직이 일을 한다고 이야기한다.

그러나 중소기업은 통상적으로 조직보다는 맨파워로 일을 해갈 수밖에 없다. 이유는 간단하다. 해야 할 일이 많은데 이를 세분화하면 일의 양이 한 사람 몫이 안 되는 경우가 많다. 그렇기 때문에 1인이 2역, 3역을 하게 된다. 이런 상황이 지속되다 보면 북도 치고 장구도 쳐야 하는 사람들이 늘어날 뿐 조직이 강화되는 것은 아니다. 소위 멀티플레이어가 점점 늘어나는 것이다. 그래서 이런 사람들이 제 역할을 하고 있을 때는 안정된 경영이 가능하지만 그중 일부라도 공백이 생기면 회사는 한동안 불안정한 상태로 갈 수밖에 없고 그 기간이 길어지면 회사의 존립에 영향을 줄 수도 있다. 이런 상황에서 경영을 유지해야 하는 것이 중소기업의 애환이다.

이런 것들에 대비하기 위해서는 끊임없이 캐시카우*를 확보하는 것이 절대적으로 필요하다.

이렇게 나는 창업 초기부터 '옹달샘 같은 회사를 꿈꿔 왔다.'

마르지 않는 옹달샘의 물이 바다까지 흘러간다. 오대양五大洋 바닷물의 근원이 옹달샘이듯이, 세계 경제의 근원이 작은 중소기업이라는 자부심과 희망을 가지고, 멀리 멀리 뻗어갈 수 있는 마르지 않는 옹달샘 같은 기업을 이어가고 싶다.

---

* cash cow, 현금을 뜻하는 '캐시'와 젖소를 일컫는 '카우'의 합성어로 표면적으로는 현금 창출원. 기업에 적용하면 성장성이 낮아지면서 수익성-점유율-이 높은 산업을 지칭

현상 유지의 중요함을 깨닫다

제조업인 금형 사업을 시작하기 전 무엇을 할지 고민하던 때의 이야기다.

나의 고민을 알기라도 한 것처럼 무역 쪽의 거래처에서 6mm 두께의 철판을 절곡하는 사업을 제안해 왔다. 듣는 순간 우리 회사에 딱 맞는 사업이다 싶었다. 이 거래처는 신용에 문제가 없었고 이 품목이 현재의 수입품을 대체하는 것이므로 수입 대체효과도 있었고 주기적으로 소요되는 것이어서 물량확보도 확실했다. 개발에 성공만 한다면 큰 걱정 없이 사업적으로 자리를 잡을 수 있다는 판단이 섰다.

우선 이를 알만한 가까운 친구에게 문의를 했더니 가능하다는 대답을 쉽게 얻을 수 있었다. 개발비도 1천만 원 정도로 큰 부담이 되지 않았다. 즉시 개발에 착수했다. 무슨 일을 할 수 있다는 일감과 목표가 생겼다는 것은 회사에 엄청난 활기를 가져다준다. 설계를 마치고 설계대로 부품을 구매하여 가공의 일부는 자체에서 해결하고 일부는 외주를 주었다. 설비가 완성되어 설레는 마음으로 시운전에 들어갔는데 생각대로 제품이 생산되질 않았다. 처음에는 누구나 시행착오가 있는 거라고 긍정적인 해석을 하면서 서로 위로와 격려로 재도전을 시도하였다. 같은 도전이 두 번 세 번 거듭되었으나 성공하지 못했다.

시도가 거듭될수록 인내력에 한계가 왔다. 실패에 대한 이해를 하면서도 100% 자체 생산이 아니다 보니 반복해서 발생하는 외주 가공비, 인건비, 부품 구입비 및 고철, 산업폐기물 등이 쌓여가면서 자금조달도 어려움을 겪다 보니 스트레스가 심하게 쌓여갔다.

개발자는 늘 얘기한다. 이것만 보완하면 확실히 성공할 수 있다. 그리고 그다음 또 다른 것을 보완해야 한다고 얘기한다. 안된다는 얘기는 하지 않는다. 무한정 도전한다면 언젠가는 성공할 수 있다. 그러나 문제는 무슨 힘으로 무작정 개발을 계속 시도한단 말인가? 개발 자금을 지속적으로 감당하면서도 회사가 유지될 수 있다면 끝없는 도전이 가능할 것이다. 그러나 나는 이 일을 계속해갈 여력이 없었다.

결국 철판 절곡기 개발을 포기하기에 이르면서 많은 교훈을 얻었다. 어쩌면 남의 말만 듣고 뛰어든 나의 무모함이 여러 사람한테 큰 상처를 줄 수도 있겠구나, 하는 생각이 들었다. 이런 결과를 예상이라도 했다는 듯 일하는 광경을 보던 어떤 사람이 무식하면 용감하다, 이건 안되는 겁니다. 이런 말을 나에게 던지듯 했던 것을 잊을 수가 없다.

이번 일의 결과에 대하여 성찰을 해 본다.

첫째, 어떤 개발에 도전할 때는 성공할 때까지 도전할 수 있는 자금 여력을 갖추고 해야 한다.

둘째, 모든 개발에 안 되는 것은 없다. 다만 경제성과 상품성에 대한 필요충분조건을 갖추어야 개발의 가치가 있다.

한 분야의 어지간한 엔지니어는 개발 잠재력을 가지고 있다. 그래서 대부분의 엔지니어는 할 수 있다고 덤벼들다가 실패하기 일쑤이다. 즉 90%짜리 개발은 누구나 할 수 있고 99%짜리도 대부분의 개발자가 할 수 있다. 그러나 개발은 100% 완벽해야 상품 가치가 있고 더구나 고객은 100% 완벽한 것을 요구하게 마련이다. 그런데 100% 완벽한 개발을 하는 것은 엄청난 대가를 치러야 가능하다.

이런 것에 대한 확신이 없다면 함부로 개발에 뛰어드는 것은 경영자가 피하여야 한다.

즉, 개발이나 새로운 다른 사업을 추구하더라도 현재의 경영 상태를 유지할 수 있는지를 판단 한 후에 해야 한다.

솔잎을 먹으니 살 것 같았다

PCB 금형 일을 시작할 때 있었던 일을 좀 더 자세히 이야기하려 한다.

조금 안정된 분위기에서 일반적인 금형 사업을 시작했지만 지금까지 겪어보지 못한 일들을 경험하게 된다. 좋은 가격으로 설비도 갖추고 엔지니어도 어렵지 않게 확보하고 제법 큰 금형 오더도 받아와서 빠르게 공장을 가동하는 것은 성공하였으나 중간 마무리가 잘되지 않고 있다는 것을 직감으로 알 수 있었다.

내용을 자세히 파악해 보니 오더를 수주한 후 납기까지 3개월 정도 텀이 있다. 이후 계약금, 중도금, 잔금의 순으로 결제를 한다. 결제 단계마다 영업 접대가 이루어지고 중간 정산이라는 핑계로 가격이 깎이기도 한다. 가공 공정별 엔지니어들의 곤조가 들어가서 그 비위를 맞춰가면서 일을 진행해야 하기도 한다. 오래 몸담았던 전자업계에서는 있을 수 없는 일이었기에 참아내기가 아주 힘들었고 이 일을 계속해야 하나? 하는 회의를 느끼고 있었다. 예컨대 수주를 하면 그에 따른 원가 구성을 해서 그에 맞는 수익구조로 계획을 세우고 계획서대로 일을 추진하면 별 일이 없는 한 이익을 내는 프로세스가 되어야 하는데 중도에 너무 많은 변수가 생기는 프로세스로는 생리적으로 감당하기가 힘들어 금형 일을 접었던 사실을 '제조업으로 재창업'에서 언급한 적이 있다.

그때 한번 계약을 했다가 파기했던 PCB 금형 업체 사장하고 다시 계약을 한 이야기다. 업체를 다시 팔고 싶으니 사주었으면 좋겠다고 연락이 왔다. 이런 게 운명이라고 하는 건가 싶었다. 속으로는 쾌재를 불렀으나 지난번 계약 파기를 상기하지 않을 수가 없었다. 좀 차분하게 대화할 필요가 있다고 생각되어 며칠 뜸을 들이고 답을 주지 않았더니 다시 연락을 해왔다. 이번에는 가격을 좀 낮추어서 거래를 하자고 제안을 해왔다. 마지못해 하는 시늉을 하면서 조건을 단단히 내걸었다. 현재 설비 일체를 넘기고 일체의 거래처에 대한 영업권을 포함하고 직원들은 고용승계를 하겠으나 급여는 재조정하는 조건과 사장 본인은 공장장 직책으로 우리 회사에서 일을 하겠다는 약속을 받아내고 계약을 체결했다. 이렇게 하여 PCB 금형 제조업을 시작하게 되었다. PCB 분야는 상세한 기술은 잘 몰라도 대덕에서 15년 이상 경험이 있던 분야이니 상당히 자신이 있었다. 시장과 거래처도 대부분 아는 사람들이라서 대화 내용도 낯설지 않았고 웬만한 거래관계의 일 처리에 있어서 즉답을 할 수 있을 정도였다. 그러나 인수한 회사가 보유한 설비가 너무 노후한 것이고 직원들의 의식도 열악한 수준이어서 정비가 필요한 부분이 한두 곳이 아니었다. PCB 분야의 조직 정비는 지금까지 수없이 해왔던 일이라서 그림이 바로 나왔다. 우선 모든 업무처리는 주먹구구가 아닌 행정 서류를 통하여 진행할 것을 전 직원에게 교육하고 시행하도록 지시했다.

구멍가게 수준으로 일을 해오던 직원들은 나의 지시에 따르는 게 버거워 보였지만 철저하게 관리하면서 근무 인원, 생산 일정 등 모든 일들을 하나하나 계획을 세워서 실행하도록 독려하고 하나씩 습관화 되도록 하여 직원들의 수준을 끌어올리고 근태를 타이트하게 관리하여 질서를 잡아 나갔다. 현재 진행되는 모든 것들이 한눈에 들어오고 앞으로 무슨 일을 해야 하는지도 예상할 수 있으며 현재 하고 있는 일들이 잘되고 있는지 결과가 어떻게 나올지까지 알 수 있도록 체계를 잡아 나갔다.

송충이가 솔잎을 먹어야 사는 것처럼 아는 일을 하게 되니 살 것 같았다.

고객의 니즈needs*에 선제 대응

FPCB 금형 제작을 시작할 때의 이야기로 잠시 돌아가야겠다.

PCB 금형 제작을 시작한 후 여러 가지 문제로 어려움을 겪고 있을 때 나는 직원 2명과 함께 매년 일본에서 열리는 JPCA라는 세계 최대의 PCB 관련 전시회를 참관한 뒤 잡지를 한 권 사 가지고 돌아 와 자세히 읽고 나서 FPCB 사업을 시작하였다.

잡지에서 본대로 PCB 시장은 급격히 변화하고 있었다.

핸드폰의 세계 시장을 들여다보니 1983년에 세계 최초로 모토로라가 연간 1백만 대 정도의 수요를 예측하고 시작했는데 90년대 들어서면서 핸드폰 수요가 폭발적으로 증가하게 되고 삼성전자도 애니콜이라는 제품을 출시했다. 모토로라는 2004년 출시된 레이

---

* 고객의 욕구, 필요

저폰을 만들어서 한 시대를 풍미했고, 노키아는 2000년에서 2005년 사이에 1억 6천만 대를 판매할 정도로 세계 시장을 휩쓸었다. 소니, 에릭슨은 일본 내에서 인기를 끌었으며, 엘지 초콜릿 폰은 하루 1,000대 개통이라는 신기록을 수립하는 등 돌풍을 일으키기도 했다. 삼성 애니콜은 노키아와 전쟁을 하다시피 하면서 세계 시장의 선두 다툼을 벌이며 승승장구했다. 전 세계적으로 핸드폰 모델의 변화를 추구하던 유명 메이커들은 혁신적인 다양한 모델 경쟁이 치열했기 때문에 사활을 걸 정도로 여러 가지 부품에 대한 납기 싸움이 처절했다.

2000년대 초반은 인터넷과 함께 핸드폰은 세상을 바꾸는 역할의 중심이 되어 폭발적으로 수요가 늘어나고 있을 때 경소단박의 모델 개발이 주도적으로 시장을 끌고 가는 트렌드였기에 이로 인한 F-PCB의 수요와 관련한 금형 개발은 초를 다투는 전쟁터 같은 상황이 매일 일어나고 있었다.

필연적으로 핵심 가공설비인 와이어 컷팅기가 대량으로 필요했다. 우리는 매출 이익액만큼 설비를 사들이고 CAPA*증설을 계속하여 고객의 니즈를 충족시켜 나갔다. 하지만 늘어나는 수요만큼 가격 경쟁도 치열했고 납기와 가격을 동시에 지속해서 맞춰가기 위하여 머리를 쥐어짜야 할 판이었다.

* 산업현장에서 주로 사용하는 capacity생산능력의 약자.

후발 주자인 우리로서는 경쟁력에서 우위를 점하기 위해 특단의 조치가 필요했다. 우선 설비 쪽의 혁신을 시도하기로 했다. 당시 타 업체에서는 스위스제 샤밀* 기계를 쓰고 있었다. 우리는 그동안 생각해 둔 대로 샤밀 제품의 반값인 일본제 화낙** 기계를 도입하기로 결심하였다. 자금이 부족한 상태에서 생산 능력을 더 늘리기 위한 설비를 갖추려면 이런 획기적인 조치가 필요하기 때문이었다. 이런 생각을 미리 해두었다 과감하게 결정할 수 있었던 것은 앞서 중고 기계를 거래하면서 '산업혁명 이후의 과거와는 다르게 현대와 미래의 기계는 하드웨어보다 소프트웨어가 중요하다'는 것을 알게 되었기 때문이다. 과거의 기계는 성능의 중요도에서 하드웨어가 중심이었지만 현대의 기계는 소프트웨어가 기계의 성능을 좌우하는 시대인 것이다. 당시 산업 설비에 사용되는 소프트웨어는 대부분 일본의 화낙 제품이라는 것은 널리 알려진 사실이다. PCB 금형에 주로 사용되고 있는 설비인 샤밀 와이어 커팅기도 소프트웨어는 화낙 제품을 사용하고 있다는 사실을 인지한 이상 굳이 비싼 샤밀 기계보다는 화낙 기계를 도입하는 것이 현명할 것이라고 판단하였다. 왜냐하면 화낙에서는 화낙 기계에 자기네 소프트웨어를 먼저 적용할 것이라는 것은 자명한 일이기 때문이었다. 따라서 저렴한 화낙 기계로도 기술적으로, CAPA적으로 경쟁력을 갖추는 데는 훨씬 효과적일 것이라고 판단했다.

---

* CHARMILLES 스위스의 종합 기계회사
** FANUC 일본의 종합 기계회사

비엔지니어이지만 나의 통찰력은 여지없이 적중하여 결과는 짧은 기간에 추가설비를 갖출 수 있게 되어 1, 2위 업체들과 어깨를 나란히 할 수 있게 되었다.

이런 상황을 예측하고 대비했던 것이 주효했다.

생산력이 뒷받침되더라도 기한 내에 납품이 되지 않으면 소용이 없다. 납기 싸움이 시작되었다.

당시 금형 납기가 72시간에서 48시간으로 조여오고 있었다.

나는 다시 한번 드라이브를 걸어야겠다고 생각하고 방안을 강구했다.

우선 현장 관리자들을 모아놓고 현재의 납기 48시간을 12시간으로 단축시킬 것을 주문했다.

많은 저항이 따랐지만 몇 차례의 회의를 거쳐 이를 관철시켜 납기가 12시간으로 단축되었다.

이처럼 고객의 상황과 환경에 따라 니즈는 수시로 바뀐다.

때문에 기업은 항상 고객의 니즈를 염두에 두고 변화하고 선제 대응을 해야 살아남는다.

안되는 이유를 말하려면 회의장에서 나가라

제조업에서 품질 못지 않게 중요한 '고객의 니즈'가 납기다.

한번은 공장장이 사장실을 노크하여 사연을 들어보니 현재 오더는 잔뜩 들어와 있는데 토·일요일 주말 근무자가 없어서 큰일 났습니다.

이런 보고를 받는 나는 순간 당황하였지만 '올 것이 왔구나!' 하는 생각이 들었다. 사실 이 문제는 사장이 해결할 문제가 아니고 공장장이 해결해야 할 문제라고 생각했다. 그리고 당장 받아놓은 오더를 반납하라고 공장장에게 지시하였다. 당장 오더를 반납하지 않으면 우리를 믿고 발주한 고객이 피해를 볼 수 있으니 당장 반납하라고 톤을 높여서 다그치듯 재차 지시했다. 공장장은 하소연하려고 사장을 찾아왔다가 야단만 맞고 현장으로 돌아갔다. 생각 없이 일을 하고 공장장이라는 직책에 있으면서 부하 직원들한테 책임을 떠넘기고 자연스럽게 넘어가는 관습이 있었는데 이제부터는 달라져야 한다고 생각했다. 무계획하게 직원을 관리하지 말고 미리미리 근무 계획을 짜서 직원들이 주말을 대비하도록 하라고 지시했다. 그 후부터는 사전에 근무 계획을 세우고 내용을 공유함으로써 이런 일이 재발하지 않았고 전 직원이 열심히 일하는 분위기가 조성되었다.

일시적으로는 이렇게 해결할 수 있었지만 지속적으로 증가하는 오더를 감당할 수는 없었다. 그 일이 있고 난 뒤 나는 현장을 유심히 관찰했다. 평상시 분위기가 그렇게 바쁘게 돌아가지도 않는 것을 알 수 있었다. 한가한 현장 분위기에 비해서 납기에 쫓기는 일들이 너무 자주 일어난다는 것이 의문이었지만 원인을 자세히 알 수가 없었다. 뭔가 문제가 있다는 것은 알겠는데 금형 제작에 대한 전문지식이 없다 보니 무엇이 문제인지 잘 알 수가 없었다. 그 궁금증 때문에 좀이 쑤셔 견딜 수가 없었다.

관련자들을 불러놓고 무엇이 문제인지를 따져 물었다. 고객으로부터 납기를 단축해달라는 요구가 계속돼서 고충이 크다는 것이었다. 금형 납기가 최초에는 7~10일이었으나 3일까지로 단축되었고 급기야는 48~54시간으로 단축되기에 이르렀다. 이제부터는 시간 단위의 싸움이 된 것이었다. 더 이상 단축하기가 어려운 상황에서 납기를 36시간으로 요구할 분위기였다. 특단의 조치가 필요하다고 느껴졌다. 납기가 더 이상 단축된다면 걷잡을 수 없는 혼란에 빠질 것이 분명했다.

우선은 현장의 여유로운 분위기와 납기에 쫓기는 문제부터 확인해 보고 싶었으나, 곧 36시간을 요구해 올 것이 뻔해서, 미리 현장의 작업 시간을 자세히 체크 해 봤다. 실 작업시간 12시간에도 가능하겠다는 판단이 섰다.

대책 마련을 위해 확대회의를 소집했다.

현장 관리자들에게 현재의 납기 48시간을 12시간으로 단축할 수 있는 방안을 내어놓으라고 주문했다.

현재의 납기 48시간을 무려 36시간을 단축해서 12시간으로 만든다는 것이 무리라는 생각들을 하겠지만, 미리 현장 조사를 할 때 12시간 납기가 결코 불가능한 것이 아니라는 것을 확신했기 때문에 이것은 우리한테 주어진 지상 과제라는 것을 주지시키고 강하게 밀어붙였다. 물론 나의 주문을 받아들일 사람은 아무도 없었다. 받아들일 생각을 하는 사람도 없었다. 왜냐하면 비엔지니어인 내가 제시하는 것을 받아들이는 순간 이들이 지금까지 쌓아놓은 벽이 무너지는 것이라고 생각하기 때문일 것이다.

첫날부터 즉각적인 해답을 기대하지는 않았다. 다만 우리가 12시간 납기를 해결하지 못한다면 더 이상 앞으로 나아갈 수 없다는 당위성을 설명하고 그날은 12시간 납기의 숙제를 주는 것으로 회의를 마치고 다시 만나기로 하였다.

다음날 우리는 같은 자리에서 또 머리를 맞댔다. 내용은 간단했다. 우리가 지금 48시간에 만드는 금형을 12시간에 해낼 수 있는 방법을 내놓으라는 것이었다. 그 외에는 주제가 없었다. 이 문제 말고 문제가 되는 것이 없는 것은 아니었지만 이 문제를 해결하지 않고서는 앞날을 장담할 수 없기 때문이었다. 다른 문제는 현재 문제가 안 되는 것일 뿐이었다.

조용한 분위기를 강과장이 깼다.

"사장님 그건 안되는 겁니다. 될 거 같았으면 진작에 했지, 지금까지 안 했겠습니까?"

안되는 이유를 설득하려 하는 것 같았다. 나는 버럭 화를 내며 단호하게 얘기했다. 안되는 이유를 찾자고 바쁜 중에 여기에 모인 것이 아닙니다.

"안 된다고 생각하는 사람은 필요없으니 회의실에서 나가라"고 소리를 질렀다.

또다시 분위기가 숙연해졌다. 아무 문제 없는데 나만 문제 있다고 하니 나만 나쁜 사람이 되어있다는 생각이 들어서 은근히 화가 났다. 안된다는 이유를 찾자는 것이 아니고 되는 방법을 찾자는 것입니다. 다시 한번 독려하고 긴장된 분위기로 몰아갔다. 이 문제를 반드시 해결할 것이라고 다짐을 하면서 몇 번의 회의를 거듭하였지만 뾰족한 방법을 찾지 못하였다.

그러던 어느 날 회의장에서 쫓겨 날 뻔했던 강과장이 또 총대를 멘다. 사장님 방법이 있기는 한데 이건 공구비가 많이 들어서 불가능할 것 같습니다. 너무 반가운 제안이었다. 귀가 번쩍 띄는 것이 아닌가.

"무슨 소리야 될 수 있는 방법이라면 무엇이든지 말해봐요."

겁에 질린 사람같이 아주 작은 목소리로 얘기를 꺼낸다.

"금형 가공 공정 중에 열처리 공정이 있는데, 현재는 가공이 끝난 뒤 열처리를 하고 있지만 자재를 미리 준비해서 열처리를 먼저 하고 가공을 하면 납기를 12시간으로 줄일 수 있습니다. 그런데 이런 공법으로 하면 공구비가 두 배로 들기 때문에 말씀 안 드려려고 했습니다."

여기까지 얘기를 들은 나는 금형의 기술적인 문제를 알지 못했지만 납기 문제가 해결되었다고 확신했다. 비용이 두 배로 들어도 좋으니 그 방법으로 해볼 것을 지시하였다. 여기에 강과장이 한마디 더 붙인다.

"나중에 공구값 많이 들어간다고 딴 말씀 하시면 안 됩니다."

걱정하지 말라고 하고 그 방법이면 할 수 있는 것인지 재차 확인하였다.

다들 수긍하고 그 방법으로 해보자고 동의하였다.

공정工程의 순서를 바꾸다

납기 단축을 위한 회의 결과에 따라, 생산공정 중 마지막 단계의 시간이 많이 소요되는 열처리 과정을 단축하기 위한 검토에 들어갔다.

열처리 과정을 후後 처리에서 선先 처리하는 것으로 시뮬레이션을 해보니 확실한 효과가 있어 보였다.

이 공법대로 시행하려면 몇 가지 준비해야 할 것들이 있었고 준비하는 데에는 상당한 시간이 필요했다.

우선 선 가공할 자재를 준비해야 하고 그 후 열처리된 자재를 가공할 초경공구*를 확보하여야 하는데 써본 경험이 없으니 몇 가지 테스트를 해서 우리 실정에 맞는 공구를 확보해야 하기 때문이다.

이런 일에 대해 당분간은 보안 유지를 하도록 지시했다.

---

* 超硬工具 hard metal tool, 아주 강한 재질-超硬質-의 합금으로 만든 공구

어느 정도 기일이 지나 모든 준비를 끝냈다.

즉각 시행에 들어갔다.

풀릴 것 같지 않던 문제를 집념과 혁신으로 밀어 붙여서 12시간 납기를 아주 심플하고 명쾌하게 달성한 것이다.

동하의 역사가 새로 쓰이는 순간이었다.

바로 고객사에게 홍보했다.

"우리 회사는 12시간 안에 제품을 납품해 드릴 테니 많은 이용 바랍니다."라고 홍보를 한 결과 물밀듯이 오더가 들어왔다. 가격 좋고 품질 좋고 거기에 납기까지 단축되었으니 관심을 안 가질 이유가 없었다. 주문이 두 배로 몰려오기 시작하였다.

영업도 접대도 전혀 불필요한 상황이 되었다.

효과가 아주 컸다. 그 시간만큼 일을 더 할 수 있으므로 생산성 또한 두 배로 증가하는 결과를 얻게 되었다. 현장 관찰 시 그렇게 바빠 보이지 않았던 이유도 함께 풀리게 되었다. 열처리 시간 동안은 대기하는 시간이었기 때문에 한가하게 보였던 것이다.

이제부터는 밀려오는 주문을 어떻게 처리하느냐가 관건이었다. 설비를 더 늘리면 될 것 같았지만 그것으로 해결될 일이 아니었다. 제일 큰 문제가 직원들 간의 커뮤니케이션의 문제로 파악되었다. 지금까지는 적정한 주문량이었기 때문에 특별한 관리가 필요치 않았지만 주문이 폭주하다 보니 누군가 주문서 정리도 필요하고 기술적 난이도에 따라 담당자 선정을 해서 생산에 원활한 흐름을 만들어 줄 필요가 생긴 것이다. 또한 지금까지는 작업을 공동으로 하는 형태였는데 이 방법으로는 지금과 같은 많은 양을 처리할 수 없다는 것을 파악했다. 또 하나의 커다란 숙제가 생긴 것이다. 주문서를 정리해서 수주와 동시에 정보공유와 업무지시를 하는데 간혹 에러가 생긴다. 이로 인한 직원들 간의 갈등과 분쟁으로 인한 사기 저하와 오더에 대한 부담감 등 생산 능률을 저해하는 요소들을 끄집어내서 해결하는 것이 급선무였다.

예를 들면 금형 조립 담당자가 5명인데 금요일 오후 시간에 20건 정도의 오더가 접수되면 공동으로 준비하는 시스템이다 보니 마치 이걸 혼자 다 해야 할 것 같은 압박감이 각자에게 엄습해 오는 것이다.

이 문제를 해결할 묘안은 무엇일까?

머리를 스치듯 지나가는 것이 전산화였다.

전산화에 대해 고민하기 시작했다.

금형 공정관리의 전산화

　금형 제조 공정의 전산화는 아무도 생각하지 못한 것이었다. 왜냐하면 지금까지 금형을 만드는 것은 엔지니어의 몫이었지 관리자의 영역이 아니었기 때문에 전산화는 상상이 안 되는 것이었다. 관리자 출신인 나는 전산화가 답이라고 확신하고 그 답을 찾아 반드시 해 낼 것이라고 다짐했다. 그러나 우리 같은 작은 회사에서 전산화를 한다는 것은 비용 부담 때문에 엄두를 낼 수가 없었다. 지금까지의 상식은 그러했지만 2001년 새로운 천년-밀레니엄-이 시작되면서 인터넷 등 정보화 산업이 급격하게 발전되고 있던 시기였기에 우리 세대와 달리 젊은 친구들은 컴퓨터에 대한 두려움이 상대적으로 적고 도전적 의식이 강하였다. 근무 시간에 유난히 컴퓨터와 함께하는 시간이 많은 직원 정군을 불러서 물어봤다.

　우리 금형 공정 플로우flow를 전산화할 수 있을까? 물었다. 그 친구는 아주 자신 있게 "가능합니다. 됩니다." 바로 대답이 나왔다.

허허 기가 막혔다. 안 된다고 하면 잘 구슬려서 시켜보려 했는데 된다고 자신 있게 대답하는 걸 보고 너무 놀랐다. 그 친구 정세훈이 이어서 하는 말이 걸작이다. "그런데 그걸 하려면 책을 한 권 사 주셔야 합니다." 나는 또 한 번 궁금했다, 얼마나 비싼 책이 필요할까? 그게 얼마짜린데 했더니 "2만 8천 원입니다." 값이 금방 나오는 걸 보니 아마도 정군이 사고 싶었던 책이었나보다. 그 책을 사 주면 금형 공정 프로그램이 가능하냐고 재차 물었다. "네 됩니다." 아주 당당하고 확신에 찬 대답이었다. 그럼 필요한 책을 사고 영수증을 가져오라고 했다. 시간은 얼마나 걸릴까? 했더니 2~3개월 정도 시간을 달라고 했다. 되도록 빨리해보라 하고 그 친구한테 맡겨 놓았다. 많은 비용이 들 것이라고 생각했던 공정 전산화는 뜻밖에도 그로부터 두 달 후 1차 프로그램이 완성되었다.

너무 기쁜 나머지 컴퓨터를 몇 대 사서 현장에 설치를 해놓고 사용법을 설명도 하고 사용 방법에 대하여 교육도 철저히 하였다. 전산 시스템을 금형업계 최초로 도입하는 순간을 현장에서 볼 수 있었다. 참으로 감격적이었다. 획기적인 방안이라는 확신이 들었다. 그러나 젊은 직원들은 빠르게 적응을 하는 편이었지만 경력자들은 수작업으로 하는 것이 익숙해서인지라 고전적인 방법을 포기하지 않고 고집스럽게 전산시스템을 받아들이지 않았다. 이론적으로는 무조건 큰 효과를 볼 수 있는것인데 현실적으로는 말로 설명이 안 되는 난관이 있는 것이다. 한동안 애를 먹이더니 서서히 적응을 해

가고 있었지만 아주 극소수는 계속 고집을 부리고 있었다.

전산화는 All or Nothing이 기본인지라 여기서 고집쟁이들을 주저앉히지 않으면 전산화가 무용지물이 될 수도 있다고 판단되어 강력한 규정 아닌 규정을 제시하였다. 연말에 인사고과를 함에 있어 모든 평가는 전산 데이터를 기준으로 평가할 것이다. 그러므로 오늘 이후 전산에 본인의 실적을 입력하지 않으면 평가 점수는 빵점이 될 것이라고 천명하였다. 이 한마디로 효과는 바로 나타났다. 전 직원이 전산시스템에 적응하는 데는 3개월도 채 걸리지 않았다.

대성공이었다. 드디어 1인 시스템의 첫발을 내디디게 되었다. 오더 접수에서 마무리까지 1인이 실행하고 완성 금형에 본인의 이름을 새겨 넣는 시스템이다. 이름하여 1인 시스템이다.

1인 시스템의 효과는 한두 가지가 아니었다. 우선 오더 접수가 되면 종전에는 금형 제작을 위한 준비 작업으로 건별로 10여 장 정도 되는 도면을 프린트를 하여 작업자에게 배포하는 것이 필수였는데 이런 작업이 생략되었다. 모든 도면은 컴퓨터에 들어있고 아무 때고 필요한 도면을 올려서 볼 수 있기 때문에 도면 프린트 작업은 당연히 필요 없게 되었다. 이 효과는 생각보다 훨씬 컸다. 프린트 시간과 그것을 작업자에게 전달하는 것이 보통 성가신 일이 아니었으며 일일이 대면을 해야 하는 것이 없어지므로 건당 1시간 이상 시간적 인건비 절약이 가능한 것이다.

두 번째 효과는 평가가 어려울 정도이다. 주문이 접수되면 자동으로 순서대로 작업 담당자가 결정되고 담당자로 지정이 되면 스스로 컴퓨터에서 수주 내용을 직접 확인하고 작업 준비에 곧바로 들어갈 수 있다. 또한 전에는 10건 수주가 접수되면 작업자 5명이 10건에 대한 부담을 가졌는데 이제는 본인한테 할당된 오더만 신경 쓰면 되니까 부담감이 적을뿐더러 본인의 임무가 명쾌해진 것이 큰 효과이다. 더 재미있는 사건은 전에는 3건 접수되면 5명이 3건을 다하는 것처럼 걱정하고 부담을 가졌는데 전산화 후에는 3건만 접수되는 날에는 2명은 할 일이 없게 되니 자연스럽게 오더가 안 올까 봐 걱정하는 지경이 되었다.

세 번째는 돈과 관련이 되는 얘기인데 전산화로 시간이 세이브되고 주문 접수와 동시에 작업 담당이 정해져서 작업과 품질에 대한 책임이 분명해지니 생산성과 품질이 동시에 향상되었다. 불가능할 거라고 예상했던 금형 공정관리 전산화는 대성공이었다.

이렇게 동하기업은 낮은 비용으로 기계를 설치했고, 공정개선과 실력 있는 고급 엔지니어의 기술력으로 작업 로스loss를 최소화하였으며, 능률을 극대화해 주는 공정관리 전산시스템 구축 등 다른 업체와 비교하여 품질과 가격에 대한 월등한 경쟁력을 갖추게 되었다.

이에 따라 매출은 대폭 상승했고 고객 만족도도 최고점에 도달했다. 이 결과는 자연스럽게 이익 극대화로 이어졌다.

대박이 난 것이다.

제조업의 중심은 설비와 엔지니어

제대로 된 양질의 금형을 만들어 내는 것이 동하기업 성공의 첫 걸음이다.

이를 위해서는 설비와 그 설비를 다루는 엔지니어가 합치될 때 가능하다. 이런 조건과 환경을 만들어 줄 의무는 사장에게 있는 것이다. 당장이야 어쩔 수 없지만 형편이 되는대로 노후 된 설비를 교체해 가기로 했다.

원가 구조를 살펴보니 금형 제작 공정에 와이어 커팅wire cutting이라는 과정이 있는데 금형의 수익은 이 공정이 좌우한다는 것을 원가분석 과정에서 알 수 있었다. 당장 필요한 설비가 '와이어 커팅기'였다. 우선 중고 기계를 구입하기로 했다. 왜냐하면 이 공정을 외주주다 보니 아무리 일을 해봐야 와이어 커팅 외주업체 배만 불려주는 것이기 때문이었다. 중고 기계를 새로 구입했는데 기계가 중고 기계 중에서도 너무 낙후된 기계를 사다 보니 별 효과가 없었다. 일본에서 중고 기계를 수입해 보기도 하였지만 싼 게 비지떡이라는 말이 괜한 말이 아니었다.

기계에 대한 지식이 없다 보니 그 역시 실패하고 말았다. 하는 수 없이 신품 기계를 구입하기로 마음을 먹었다. 그러나 지금까지 이렇다 할 수익을 낸 적이 없어 자금 여력이 없다 보니 1억이 넘는 큰돈을 투입하기까지 힘든 결정을 해야 했다. 그 돈이면 땅을 살 수 있는 금액이다. 그런 거금을 들여 신품 기계를 도입하였다.

그날 회사에서는 돼지머리와 고사떡을 준비해서 이 기계로 일을 많이 하여 부자 되게 해달라는 고사를 지내고 전직원이 회식을 하면서 기뻐했다. 그 결과 고질적인 품질 문제가 해결되었고 회사의 수익도 많이 좋아졌다. 전반적인 경기도 제법 풀리면서 IMF관리 체제로 인한 불황을 서서히 벗어나고 있었다.

이런 상황이 조금만 더 지속된다면 빠르게 금형 사업이 자리를 잡을 수 있을 것 같았다. 하지만 매사는 나의 뜻대로 되는 것이 아니었다. 금형 사업을 책임지고 끌고 가기로 했던 공장장이 갑자기 퇴사를 청해왔다. 계약 당시 공장장으로의 근무를 약속을 했지만 장본인이 약속을 어기는 데는 어쩔 도리가 없었다. 하는 수 없이 내보낼 수밖에 없었고 금형 사업부는 장수를 잃은 병사들만 남은 꼴이 되었다.

갑자기 새로운 영업을 할 수도 없고 해서 일단은 지금까지 해오던 거래처의 일이나 잘해 나가기로 현장을 추스르며 그럭저럭 일을 해가고 있었다. 그런데 한 달 후에 보니 그만둔 공장장은 새로운 금형업체를 차리고 기존 거래처도 가져가 버렸다. 너무 황당한 일이 벌어지고 만 것이었다. 이렇게 되면 폐기 직전의 설비를 돈 주고 산 것이 되고 갈데없는 직원들만 끌어안게 된 것이었다. 하루아침에 거지가 되다시피 하였지만 죽으라는 법은 없는 것인지 다행히 동영ENG라는 새로운 거래처에서 많은 도움을 주어서 살아날 수 있었다.

어렵게 회사를 꾸려가면서 거금을 들여 신규 설비를 도입하였지만 직원들이 함께해 주지 않으면 아무리 좋은 설비도 무용지물이 될 수밖에 없다. 이번에는 단 한 명뿐인 와이어 기술자가 퇴사를 해서 설비는 멈추고 없느니만 못하게 되었다. 애타는 사람은 사장인 나뿐인 것 같은 외로움이 엄습해 왔다. 구직광고와 지인들을 통하여 백방으로 수소문하여 와이어 기술자를 찾았지만 적임자를 만날 수 없었다.

그러던 중 와이어 기계 소모품을 납품하는 영업사원으로부터 현재 자기가 거래하고 있는 회사의 직원이 이직을 원한다는 얘기를 듣고 그를 찾아 나섰다. 그 친구의 근무 시간이 야간이라는 것을 확인하고 늦은 밤에 안양에 있는 그 회사를 찾아갔다. 근무 중이라 작업에 지장 없는 시간에 만나려고 하다 보니 2시간 정도 차에서 기다리고 있는데 그 친구로부터 안으로 들어오라는 싸인이 왔다. 밤중에 도둑질이라도 하러 온 심정으로 공장 안으로 조심스럽게 들어가서 테이블에 마주 앉으며 그가 주는 음료수를 막 마시려는 순간 누군가 공장으로 들어왔다. 들어온 사람은 아무 말 없이 공장을 둘러보고 있었다. 느낌에 그 회사 사장이라는 것을 직감으로 알수 있었다. 잠시 침묵이 흘렀고 그 친구는 잠시 밖에 가서 기다리면 연락을 주겠다고 한다. 밖으로 나와 차 안에서 연락이 오기만을 기다리며 1시간 정도 지났을 무렵 연락이 왔다. 오늘은 안 될 것같으니 돌아가는 게 좋겠다고 한다. 하는 수 없이 12시가 넘어서 집으로 돌아왔다.

가만히 생각하니 도둑질하다 들킨 기분 같아서 잠을 이룰 수가 없었다. 긴 하루를 보내고 다음 날 아침 출근 후 얼마 안 되어 누군가 찾아왔다는 것이다. 밤새 어제 일로 잠을 설쳐서인지 직감으로 어젯밤 일과 연관이 있을 것 같았다. 두 명이 왔는데 한 사람은 어제 거기서 잠시 스쳤던 그 사람 같았다. 어제 왜 우리 회사에 왔었는지 따지러 왔다고 생각했다. 왜냐하면 낯모르는 사람 둘이 다짜고짜 사장을 보자 하는 것이었기 때문이다. 뭐라고 변명할까로 머릿속이 까맣게 되었지만 일단 사장실로 들어오게 했다. 아니나 다를까, 점잖은 사장 같은 분의 첫 마디가 '어제저녁 우리 회사 오셨었지요?' 이렇게 묻는 것이 아닌가. 쥐구멍에라도 들어가고 싶었다. 할 말을 잃고 있던 순간 상황은 금세 역전되었다. 이어서 하는 말이 '어제 우리 회사에 오신 이유를 잘 아는데 어제 만난 그 친구는 저도 내보내려는 참이었는데 그 친구보다 괜찮은 사람을 소개해 드리려고 왔습니다'라고 하면서 함께 온 사람을 가리키며 얘기 잘해보시라고 하면서 홀연히 가 버렸다. 얼떨결에 굴러들어 온 사람을 면접하게 되었다. 생김이 선하고 성실해 보였다. 무슨 말로 말문을 여는 게 좋을까 생각하면서 여기까지 오게 된 배경이 궁금해서 물었다. 오랫동안 알고 지내던 분이라서 취업을 부탁했었는데 어제 그 일로 우리 회사를 가보는 게 좋을 것 같다고 해서 온 것이었다. 그렇다면 잘 온 것 같다고 얘기해주었다. 사정을 들어보니 어떤 조건이라도 근무를 할 것 같아 보였다.

　서로가 필요한 사람끼리 만나게 된 것이라서 길게 얘기할 것이 없었다. 나는 사람이 필요했고 그는 일자리가 필요했기에 기본적인 근무조건을 얘기하면서 함께 일하기로 쉽게 결정하였다. 얘기를 끝내면서 혹시 할 얘기 없느냐고 질문할 기회를 주었다. 조심스러운 표정을 지으면서 주기로 한 월급에서 10만원만 더 달라고 했다. 그렇게 해주면 흡족해할 것 같아서 나는 흔쾌히 받아들이고 당장 내일부터 근무하라고 했다. 그렇게 해서 엔지니어 문제로 힘들던 숙제가 풀리고 나니 날아갈 듯 기뻤다. 그 동안에 현장에서 기술적 문제로 와이어실과 조립팀간에 종종 다툼이 생겨 시끄럽기도 했었는데 그날 김대리가 입사한 후로는 조용해졌다. 김대리의 기술이 상당한 것 같았다. 기술적인 모든 문제가 해결된 듯 차분하게 일이 진행되고 있음을 알 수 있었다.

　FPCB 금형을 개발하고 양산을 추진하는데 주 설비인 '와이어 커팅기'가 문제였다.

　3억 원짜리 신품 스위스 샤밀 와이어 커팅기를 구입해야 하는 상황이었다. 그러나 자금이 부족한 나는 중고 기계를 검토해 보기로 하고 일본의 지인에게 제품을 알아봐 달라고 부탁을 했다. 얼마 후 연락이 와서 현지로 달려가 실물을 확인하면서 깜짝 놀랐다. 지금까지 나를 기다리고 있었던 것이 아닌가 싶을 정도로 내 마음에 쏙 드는 샤밀 중고 기계를 만난 것이다. 새것과 거의 동일한 상태이면서 가격은 반값이었기 때문에 나로서는 더 이상 망설일 필요가 없었다. 일본에서 매매 계약을 하고 귀국하여 서둘러서 그 기계를 도입하였다. 미처 몰랐는데 샤밀 기계는 설치가 까다로웠다. 설치하기 위하여 샤밀 대리점에 설치의뢰서를 접수하고 설치하는 절차가 필요했다.

설치팀이 와서 설치를 마친 후 나에게 뜬금없는 의외의 질문을 한다. 김대리 저분이 어떻게 여기에서 근무하게 된 겁니까? 당연히 그걸 왜 묻느냐고 했더니 저분의 기술 수준이 대한민국에서 몇 안 되는 고급 기술자이기 때문에 여기 계실 분이 아닙니다라는 것이었다. 그 얘길 듣고 김대리가 다시 보였다. 그래서 김대리가 입사 후에 현장이 조용해진 것을 다시 알게 되었다.

김대리를 불러서 혹시 어려운 일은 없느냐고 묻고 급여를 좀 더 올려 줬다. 그 후에도 그의 능력을 인정해 주고 계속 근무를 잘해 가도록 명분을 만들어 주었다.

확실한 와이어 엔지니어를 확보한 덕분에 FPCB 금형 개발은 더욱 박차를 가할 수 있게 되었고 압도적으로 기술 수준이 높은 금형을 만들어 낼 수 있는 기반을 확보하게 되었다. 값비싼 샤밀 기계는 얼굴마담 역할을 하고 있었고 실제로는 화낙의 와이어 커팅기가 모든 작업에 투입되었다.

그러다 보니 하드웨어보다 소프트웨어가 주도하는 세상이 되었다는 것도 실감을 할 수 있었다. 샤밀 기곗값의 반값인 기계를 사들이기 시작하고 금형 생산량은 계속 늘려갈 수 있게 됨으로써 경쟁업체에 비해 월등한 원가 경쟁력을 확보할 수 있게 되고 당당하게 금형업계의 선두그룹에 합류하게 되었다.

결과적으로 제대로 된 엔지니어 확보와 최신 설비를 대량으로 갖추게 되니 생산력에서도 원가 경쟁력에서도 타의 추종을 불허하고 승승장구할 수 있게 되었다.

복지와 환경의 혁신

혁신이 세상의 트렌드에 매칭될 때 그 효과는 상상을 초월하는 결과를 가져다준다.

공정 개선으로 이룬 납기 12시간과 공정 전산화의 성공으로 우리 회사는 2~3년간 날아가는 듯한 성장을 이루었다. 우리 회사에서 만든 금형을 선호하게 되면서 모든 회사가 우리한테 금형 오더를 주려고 줄을 섰다. 심지어 거래처 영업사원들이 자기 오더 관련 금형은 반드시 동하에 발주해 줄 것을 구매 담당에게 신신당부하면서 사내 영업을 한다는 소문도 있었다. 우리는 여기에 만족하지 않고 보다 확실하고 명확한 납기와 품질로 거래에 임하고 겸손하되 절대 비굴하게 금품 영업은 하지 않도록 영업사원 교육을 철저히 하였다. 그때의 기분으로는 이대로 한 30년 지속된다면 우리 회사가 삼성만큼 커질 수 있을 것 같았다. 회사의 살림살이에 여유가 생기니까 직원 복지를 위하여 자녀 장학금 지급 규정도 만들고 복지금 계정을 만들어서 수시로 직원들의 경제적 지원도 하게 되고 해외 가족여행 기회도 주면서 직원들이 좀 더 풍요롭고 안정적인 직장을 만들어 가는 꿈을 키울 수 있도록 해주었다. 이러한 것들을 직원들과 함께 공유할 때 두 배의 행복을 느낄 수 있었다. 그리고 사회 환원의 일환으로 적합한 기부단체를 찾아서 실질적인 기부행위를 지속적으로 해갈 때 쌓여가는 뿌듯함은 말로 표현할 수 없는 기쁨이 되었다.

특히 어려운 제조업에서 직원들과 함께 이뤄가는 성취감은 무엇과도 바꿀 수 없는 벅찬 감동으로 남는다. 또한 나의 발전을 통하여 국가의 발전에 기여해야겠다는 의무감마저 느낄 때는 정말 가슴이 벅차왔다. 회사가 번 돈을 회사를 위하여 사용한다면 반드시 회사를 키워나갈 수 있을 것이고 직원들도 회사를 사랑하고 모두가 행복해질 수 있을 것이라고 확신하게 되었다.

좋은 작업 환경은 품질을 향상시킨다.

자금에 여유가 생기고 나서 제일 먼저 떠오른 것이 작업 현장의 근무 환경을 쾌적하게 만들어 보자는 것이었다. 자체적으로 환경을 개선한다는 것은 한계가 있다고 판단되어 벤치마킹을 검토했다. 지금은 코스닥 상위그룹에 자리 잡은 리노공업을 방문하여 현장을 견학하기로 했다. 이 사장님한테 한 시간 허락을 받았기 때문에 전날 관리자 5명이 봉고차로 리노*가 있는 부산으로 향했다. 모텔에서 잠시 눈을 붙이고 10시에 리노공업을 방문하여 현장관리 상태를 세세히 보고 청결함과 5S** 실천 상태를 보고 놀란 것이 한두 가지가 아니었다. 가공 설비가 있는 현장 바닥은 사무실 바닥보다 깨끗하고 기름 한 방울 바닥에 없다. 모든 설비, 도구, 치공구*** 등은 제자리에 그림같이 관리되고 있었다. 물론 냉난방은 최고 수준으로 유지되고 있었다. 마당 한편에서 토끼가 풀을 뜯고 있는 모습은 직원들의 안식처같이 느껴졌다. 사무실은 화사한 분위기였고 식당으로 가서는 깜짝 놀랐다. 호텔 고급 레스토랑을 방불케 꾸며져 있었다. 사장님 말씀이 초기에 지하에 있던 공장을 지하에서 지상에 지어서 이전했는데 마음에 들지 않아서 다시 공장을 지어 이전했다고 하는데 3번은 지어봐야 마음에 들 것 같다면서 다음 공장을 구상하고 있다고 하였다.

품질은 청결에서 나온다는 확신을 가지고 돌아와서 우리 공장 리모델링을 시작했다. 처음 예산보다 50%를 증액하여 나름대로 쾌적한 분위기의 현장을 만들었다. 결과는 품질 향상과 생산성 향상으로 화답이 왔고 직원들의 자긍심이 높아진 것이 덤으로 생긴 무엇보다 소중한 긍정적 효과였다. 외부 손님이나 고객사가 우리

---

* 리노공업(주), 부산 소재 '그 외 기타 전자부품 제조업'
** Sifting-정리-, Sorting-정돈-, Sweeping-청소-, Standardizing-표준화-, Sustaining-유지-
*** 治工具, 각종 제품을 공작하여 생산할 때 사용되는 공구류. 제품의 치수를 통일시키는 기준 치공구와 제품을 작업대에 고정 시키고 주 절삭 공구의 작업을 용이하게 해 주는 생산 치공구가 있다.

현장을 방문할 때는 대환영을 하면서 맞이했다. 모두가 만족하고 부러워하며 우리의 현장 관리를 칭찬하고 돌아갔다. 덕분에 수주도 증가하고 거래처도 늘어나서 회사의 수익성이 보다 향상되었다.

나눔의 셈법도 바꾸어 놓았다

매출이 늘어나면서 이익도 증가하였고 결과적으로 회사의 재무 상태가 좋아지는 결과가 되었다. 이렇게 되기까지는 누가 뭐래도 매출에 비례하여 작업량이 증가하였음에도 직원들의 헌신적인 노력 없이는 이룰 수 없었던 성과라는 것을 간과해서는 안 된다. 물론 이에 따라 급여가 인상되었고 복지도 향상되었기 때문에 사장은 이를 상쇄시키고 그냥 지나칠 수 있는 부분이기도 하다. 하지만 직원들의 속마음은 그렇지 않다는 것을 알아차려야 한다. 직원들은 회사는 얼마나 벌었을까를 늘 계산하고 있다는 것을 나는 잘 알고 있기에 직원들의 입장에서 생각하는 버릇이 생겼다. 돌이켜보면 내가 생각하기에도 이런 마음은 참 기특했던 것 같다. 사업을 하면 매월 번 돈이 얼마이고 이를 어떻게 쓸까를 생각한다. 1순위는 설비 증설에 대한 투자였다. 설비 증설에 비례해서 근무 환경 개선도 꾸준히 시행하여 쾌적한 근무 환경을 만들어 갔다.

그러면서 한편으로는 직원들이 이해해 주고 인내해 주기를 간절하게 바랐다. 왜냐하면 번 것을 당장 나누는 데 집중한다면 제조업의 미래는 없기 때문이다. 다행히 직원들은 잘 참아주었고 이제 사장이 화답해야 할 때가 되었다. 휴가철 명절에는 여지없이 상여금을 기준보다 훨씬 많이 지급해 주었다. 그래도 직원들의 성에 차지 않는다는 것을 잘 알고 있었지만 매년 연말까지 기다려 주도록 당부했다. 그리고 연말에 직원들이 생각했던 금액보다 더 많은 보너스를 특별성과금으로 지급해서 기쁨과 보람이 배가 되도록 했다. 이렇게 하는 것을 우리 회사의 문화와 전통으로 만들어 가고 싶었다. 이런 나의 생각은 잘 들어맞았고 직원들의 얼굴은 언제나 활기차고 의욕적으로 자리 잡아가게 되었다. 특히 휴가 보너스와 설 명절 보너스는 통장으로 지급하지 않고 직원들에게 직접 현금으로 지급했는데 이 제도는 직원들에게 아주 큰 호응을 얻는 제도가 되었다. 우리 사회에서 언제인가부터 모든 급여나 보너스가 통장으로 지급되는 것이 가장인 나로서 아쉬운 시절이 있었다. 그래서 휴가 때 가장이 폼나게 휴가비를 써보라고, 설 명절에는 여러 가족 친지가 모이는 자리에서 가장이 세뱃돈을 가장의 직권으로 줄 수 있게 함으로써 가장의 위상을 조금이라도 높여 주고 싶은 마음에 이런 제도를 도입한 것이었다. 이런 날에는 사무실에서 현금 세는 기계 소리가 종일 났고 휴가나 명절 분위기가 제법 고조되었다.

복지제도로는 중, 고, 대학생 자녀를 둔 직원에게 학생 수의 제한 없이 모두에게 학자금 지원 제도를 만들어서 골고루 혜택이 돌아가도록 하였으며 사내 복지 기금에 나의 개인 자금 1억을 찬조하여 누구나 무이자로 소액 대여를 받을 수 있도록 하였다. 전세자금 상승분, 긴급한 병원 진료비, 생활 안정 자금, 돌발적 긴급 필요자금 등을 부서장의 추천으로 사용할 수 있도록 했다. 가정생활의 안정을 꾀하고 친인척간에 어려운 돈 얘기를 하지 않아도 되도록 하는 것이 목적이다. 또한 대부분 고졸 학력인 직원 중 학구열이 많아 보이는 직원들을 발굴하여 야간 대학에 진학을 권고하고 특히 성실한 직원에게는 학자금 지원도 선별적으로 하면서 전체적으로 신분 상승이 될 수 있도록 회사 차원에서 적극 지원하였기에 항상 눈빛이 살아있고 열의에 차 있었다. 꾸준한 근무 환경 개선과 복지향상은 안정된 생산성 향상으로 나타났으며 직원들의 자긍심이 상승되는 것을 여러 곳에서 느낄 수 있었다.

어렵게 시작했던 직원들이 시간이 흘러서 집과 자동차를 장만하고 자녀들을 잘 키워가는 모습을 볼 때마다 가슴이 뭉클해지며 기업경영자로서 내 스스로 큰 보람을 느꼈다.

이렇게 사장과 직원 사이에 나눔의 셈법이 정립되어 갔다.

중국 진출

첫 해외 진출

FPCB 금형 사업을 시작한 이후 공정의 개선, 전산화 등으로 사업이 안정되면서 심리적 여유가 생기게 되니 나는 본능적으로 또 다른 목표와 변화를 염두에 두고 있었다.

2003년으로 접어들면서 국내는 물론 세계의 경기가 급격히 살아나면서 글로벌화가 본격적으로 시작되고 있었다.

무슨 일이든 항상 좋은 일만 있을 수는 없는 일.

잘 나갈 때 위기가 찾아오는 것이 마치 순리라도 되는 것처럼, 제조업의 한계를 알려주기라도 하듯, 예상치 못한 상황에서 원자재 가격이 갑자기 급등하고, 자재 공급처는 기세등등하게 거래조건을 유리하게 끌고 가려고 압박을 해왔다. 문턱에 걸려서 오도 가도 못할 진퇴양난의 처지에 놓이게 되었다. 지금까지의 경영환경이 이대로 지속될 수 있다면 더할 나위 없이 좋겠다고 생각하던 시절은 순식간에 사라졌고 원자재인 철판 가격이 자고 나면 올라가는데 제조업에서는 도매나 소매상처럼 상승분을 제품가격에 즉각 반영시킬 수도 없는 것이 현실이다. 이런 경우 맥없이 당할 수밖에 없는 을의 입장은 늘 난감하기 이를 데 없다.

중소 제조기업이 대기업에서 주문받아 생산하는 경우는 대기업에서 정해진 가격으로 만들어 납품해야 하는 것이 운명처럼 되어버린 오랜 관행이다. 특별한 연구, 개발, 영업 없이 대기업에서 시키는 대로 생산하여 납품하고 대금을 받는 힘없는 중소기업이 갑작스러운 원자재 가격 상승에 부딪히면 죄인 아닌 죄인이 되게 마련이다. 좋을 때는 대기업과 나눠 먹고 어려울 때는 중소기업이 혼자 감당해야 하는 일이 잦다. 이런 현실을 누구에게 탓을 할 수도 없고 나름대로 대안을 찾아야 한다.

해외시장 도전에 마음이 쏠렸다.

우선 내가 어느 정도 알고 있는 일본으로 눈을 돌렸다.

일본 내 FPCB 업계를 많이 알고 있는 업체를 섭외하기로 했다. PCB 메이커에 화공약품 공급을 전문으로 하는 "니혼후소"라는 업체와 동업을 하기로 MOU를 체결하고 거래 방법, 공급 시스템 구축, 결제 방법, A/S 절차 등 많은 일들을 여러 날에 걸쳐서 협의를 했다. 모든 일들이 순조롭게 추진되는 듯하였으나 책임소재와 각자

비용 부담에 관한 협의를 하는 과정에서 협상이 결렬되고 말았다.

여기서 사업은 포괄적인 일에 관한 이야기는 누구나 수긍하고 쉽게 접근할 수 있지만 리스크 부담과 수익금 분배에서는 서로가 날카로워지는 법이라는 것을 깨달았다. 즉 모든 리스크와 손익을 내가 감당할 여건이 조성되었을 때 그 사업을 추진할 수 있는 것이라는 것을 알게 되었다. 리스크에 대해서는 책임을 안 지고 수익이 보장되기를 바라는 것이 대부분 동업자의 심리이다. 그러나 리스크 없는 수익사업은 없다고 봐야 한다. 또다시 고민에 빠진다.

국내시장의 상황이 괜찮은 시장은 경쟁이 치열해서 수익 내기가 어렵고 그렇지 않은 시장은 리스크가 매우 높은 데 이를 어떻게 극복할 것인가?

이때 마침 전국경제인연합회의 중국 산둥성 산업시찰단 모집 광고가 내 눈에 띄었다. 중국에 연고도 없고 지식도 없는 나에게는 고민을 해결해 줄 좋은 기회라는 것을 직감적으로 알 수 있었다. 이거 구나! 여기 가서 견문도 넓히고 우리의 설 자리가 있는지 확인을 해 보기로 결심을 하고 즉시 참가 신청을 하였다.

2003년 3월에 전경련 산업시찰단 일원으로 중국 산동성 위해威海 웨이하이시를 방문했다.

위해시 부시장을 비롯한 대외 협력국 국장과 통역관 등 관련자들이 대거 우리를 맞이하였으며 이들은 3박 4일 동안 지근거리에서 마치 우리를 호위하듯 우리의 일거수일투족을 지켜보면서 무엇이든 들어줄 태세였다. 그런 덕분에 낯설지 않고 우호적인 태도를 보이는 중국 관료들과 쉽게 친해질 수 있었다.

위해의 위성도시인 문등시, 유산시 등의 공업단지를 위주로 둘러봤다.

공단에서 제일 먼저 인상 깊게 나의 눈에 띈 것은 20대 초반 젊고 순박해 보이는 직공들의 모습이었다.

'무엇이든 시켜만 주면 해내겠다'는 강한 의지를 내뿜고 있었다. 여기 와서 사업을 하면 사람 걱정 없이 많은 일을 할 수 있겠다는 판단이 섰다

이런 광경들은 이곳에 공장을 짓고 사업을 시작해야겠다는 강렬한 욕구를 만들어 내기에 충분했다. 나의 가슴은 뛰기 시작했다. 누구와 이 문제를 상의하고 추진해야 할지? 어디서부터 시작해야 하는 건지? 무엇부터 해야 할지? 잘 모르지만 시작을 해야 하는 것은 확실했다.

가는 곳마다 융숭하게 대접을 해주었으며 여러 가지 정보도 얻고 주변 경제 상황도 직접 확인할 수 있는 너무 좋은 기회였다.

나는 우리가 생산하고 있는 금형을 중국 웨이하이에서 반제품으로 가공하여 한국으로 수입을 하기로 마음먹었다. 현재 높아진 원자재 가격을 만회하고 인건비도 줄일 수 있을 것이라는 생각에서였다.

3박 4일의 일정이 끝날 무렵 나는 통역관 장수려 주임을 통해 중국 당국의 책임자와 투자에 대한 실무적인 여러 얘기를 할 수 있었다.

중국인 통역 장수려씨의 역할이 컸다.

그녀는 매사에 적극적이며 우호적인 자세로 나를 도와주었다. 기업 유치가 성사되면 이런 역할을 한 기여자들이 중국에서 어느 정도의 성과급을 받게 되는지는 모르겠지만 그런 것을 떠나서 그녀는 성심을 다해서 우리를 도우려고 애를 쓰는 모습을 여러 과정에서 볼 수 있었다.

나는 한 달 내로 다시 와서 공장부지 계약과 투자 계약을 하겠다고 약속을 했다. 부푼 가슴을 안고 한국에 돌아왔다.

산동성山東省 위해威海웨이하이에 법인 설립

　귀국해서 중국 진출 준비를 서둘러야 했다.

　하지만 사실 계획되거나 정해진 것은 아무것도 없었다. 막연하게 하면 될 것 같은 꿈만 가지고 있을 뿐 구체적인 계획은 이제부터 세워야 할 판이다.

　다만, 해외 투자에 있어 무엇을 하든지 '투자금을 어떻게 회수할 것인가?'를 전제로 일을 시작해야 한다는 원칙을 세웠다.

　기계설비는 무엇을 구입할까? 중국 공장에 상주 인원은 누구를 보낼까? 숙소 문제, 급여 문제, 현지 인원 고용 문제, 생각하고 계획해야 할 일들이 한두 가지가 아니다. 또한 해본 경험도 없고 알아볼 곳도 별로 없다. 어디서부터 무엇부터 시작해야 할지? 막막하다.

　그러나 중국으로 가야 하는 것은 분명했고 이를 돌이킬 마음도 없었다.

이렇게 준비를 하고 있는데 복병이 하나 나타났다.

싸스*가 발생하여 해외 입출국이 금지된 것이다.

마음이 급하기는 했지만 나의 의지와 관계없이 발생한 일이므로 차분하게 준비를 해 나갔다.

아무것도 준비가 안 돼 있었기에 시간이 부족했다. 이 기간이 오히려 나에게 좋은 약이 되었다.

돌이켜보니 싸스 사태가 없었더라도 약속한 대로 한 달 만에 다시 가서 계약을 할 수는 없었을 것 같았다.

이렇게 4개월이 지났을 때 싸스 사태가 어느 정도 진정되어 입출국 금지가 해제되었다.

9월에 웨이하이를 다시 찾았다.

4개월간 준비한 자료를 가지고 장수려 씨를 다시 만나 안내를 받아 가며 일을 했더니 일이 속전속결로 처리되었다.

우선 200평 정도의 공장을 임차 계약하여 생산공장을 확보한 후 투자계약을 하고 영업허가를 신청했다.

영업허가 신청서상의 창립일을 2003년 10월 1일로 해서 한국 본사의 창립일과 일치시키려고 했더니 그날은 중국 국경일이라서 불가하다고 했다. 하는 수 없이 창립일을 2003년 11월 11일로 하

---

* 사스 SARS-Severe Acute Respiratory Syndrome- 중증 급성 호흡기 증후군. 중국 광둥성에서 2002년 11월에 발병해서 2003년 7월까지 유행

고 총투자금을 US$1,000,000로 해서 영업허가증을 받았다.

이렇게 ㈜동하기업의 중국법인 '위해동하전자모구유한공사'가 창립되었다.

중국의 영업허가증을 받고 한국으로 돌아오는 비행기에서 중국을 내려다 보니 마치 중국을 품기라도 한 듯 뭉클한 느낌이 나의 가슴을 요동치게 했다.

지금은 영업허가증을 가지고 돌아 가지만 다음번에는 뭔가 실속 있는 성과를 가지고 가겠다는 각오를 했다. 한편으론 이것만으로도 큰일을 해낸 것이라고 스스로에게 칭찬을 해줬다. 허가를 받은 것만으로도 커다란 기회를 잡은 듯 희망과 욕구가 치솟았다.

귀국하여 구체적인 투자계획서를 작성하고 한국은행으로부터 투자 허가를 받았다.

이렇게 생각하지 못했던 해외투자를 실행하게 되었다.

해외투자가 이렇게 간단하고 쉽게 되는 줄을 전에는 미처 몰랐다.

이제 실행을 해야 한다.

만능의 이수경과장을 현지 대표로 보냈다.

우리가 하려는 일이 이미 국내에서 생산하고 있는 금형의 반제품 가공을 해서 수입하는 것이었기에 이 과정은 어려울 것이 없다고 봤다. 하지만 효과는 엄청 크게 나타날 것이라고 예상했다. 이

과장한테 전적인 권한을 주면서 스스로 결정하고 일을 추진할 것을 주문하고 중국 현지법인을 끌고 가게 했다. 고생을 많이 했겠지만 예상보다 빠르게 공장을 셋업하고 생산에 들어가게 되었다.

그도 그럴 것이 당시에는 모든 분야에서 중국 관료들이 앞장서서 투자자들을 도와주고 협력해서 일 처리를 해주려고 애를 썼다. 그들도 투자가 간절했기 때문에 없는 법도 만들어 가면서 우리에게 적극적으로 다가왔다. 안 되는 일이 없다고 생각할 정도였으니 우리에게는 엄청난 혜택으로 돌아왔다.

돌이켜보면 무식하면 용감하다고 하는 말이 틀린 말이 아니다. 돈도 없고 기술도 없는 내가 오로지 해외 진출을 해야겠다는 마음만 가지고 국제 계약을 하고 겁 없이 일을 추진해 가고 있었다. 일단 벌려놓고 가다가 장애물이 생기면 그때 해결하는 무모한 방식을 내가 쓰고 있다는 것을 나중에 알게 되었지만 그 방식이 아니고는 나의 욕구를 충족시킬 수 있는 다른 방법이 없었다.

계획, 검토, 확인, 실행 이런 단계적인 절차를 동원해서 일을 추진하다 보면 실패는 없겠지만 그럴 여유가 없었다. 그래서 일단 저질러 놓고 추진하면서 문제가 되면 해결하고 극복해 내고 하는 것이 몸은 고달프지만 나름 훨씬 재미와 보람이 있다.

이렇게 해서 생산된 금형 반제품은 다른 경쟁업체들보다 원가 경쟁력을 높이는 데 크게 기여했고 납기에서 경쟁 우위를 점하는

데 일등 공신이 되었다. 모든 것이 순조롭게 진행되어 빠른 시간에 자리를 잡고 공장이 가동되면서 한국의 본사도 더욱 활력을 띠게 되었다. 그러므로 인해서 어엿한 중국 투자법인을 갖게 되었으며 장기적으로는 중국의 시장을 넘볼 수 있는 교두보를 확보하였다는 것에 자긍심을 갖게 되었다. 이런 노력 덕분에 급격한 원자재 상승을 극복하고 타사와의 경쟁력도 향상 시켰다.

당연히 주문이 우리 회사로 올 수밖에 없는 환경이 만들어지고 수주량이 증가하면서 수익성이 배가되고 재무구조가 좋아지면서 회사 분위기도 상승되어 또 다른 희망을 낳게 되고 욕구를 크게 만든다. 여기에 현금흐름이 좋아지면서 투자의 여력이 생기게 되고 설비를 증설하여 생산 능력을 키우고 이는 상대적 경쟁력을 향상 시켜서 수익성을 더욱 높이게되는 선순환 구조를 만들어 가게 되는 것이다.

위기를 기회로 만들어 해외 진출의 첫 번째 경험을 하게 되었다.

중국에서 공장 짓기

위해에 공장 짓던 이야기를 빼놓을 수 없다.

임대한 공장이 좁아 아예 공장을 다시 짓기로 했다.

중국에는 중국식 건축법이 있다. 우리보다 훨씬 기초기술이 많고 과학도 발전했지만 원시적인 방법으로 공사를 한다. 그런데 그런 것들에 대한 문화가 다르기 때문에 그들과 시비를 하면 공사가 제대로 될 리가 없다. 이런 환경을 이해한 나는 공사업체를 100% 믿고 공사를 추진하기로 결심했다.

다만 계약 내용은 포괄적으로 하고 관련 미팅을 할 때는 반드시 중국인을 동석시켜서 회의 내용을 철저히 기록으로 남겨 놓도록 하고 애매한 부분은 기술적으로 협상하는 대신에 근처 실물대로 공사하기로 코멘트를 달아서 나중에 의견 대립이 되면 그걸 근거로 얘기할 수 있도록 하였다. 그래서 쉽게 계약을 하고 일사천리로 공사를 진행하게 하여 그리 힘들지 않고 공장 짓는 일을 마무리하였다.

중소기업에서 계약을 세세하게 해봐 봐야 문제 된다고 일일이 따질 수도 없을 것이고 따져서 이긴다는 보장도 없기 때문에 3년간 하자 보증기간을 정하고 보증금으로 잔금 10%를 확보해 두었다. 심플한 계약이면서도 공사는 소신껏 하게 하고 문제가 될 시는 잔금 10%로 대신할 수 있게 하는 방식을 써서 큰 문제 없이 공장 짓기를 마무리하였다.

지금도 그렇지만 중국에는 큰 법은 있지만 우리의 시행령이나 시행세칙 같은 것들은 없고 문제가 되는 것이 있으면 행정기관의 관련 부서 담당관들이 모여서 3회 정도의 협의를 통하여 합의를 도출해 내고 이렇게 하면 법적으로 문제가 안 되게 시행할 수 있게 되어있다.

우리 공장부지 옆에 붙어 있는 600평 정도의 땅 위로 고압선이 지나가고 있다. 꽤 넓은데 그 땅을 살 수도 없고 건축행위도 할 수 없어서 공장이 완료되는 시점에 그 땅까지 울타리 공사를 해버렸다. 그리고 행정기관 책임자한테 건의를 하였다. 저 땅은 그냥 두면 쓰레기장 될 것 같아서 울타리 안에 두고 우리가 깨끗하게 관리를 하고 있다가 필요하다면 즉시 내어 놓겠다고 제안을 했다. 그 당시는 우리 입장에서 얘기를 잘 들어주는 상황이기는 했지만, 암튼 3차에 걸친 관련 부서 협의를 거쳐서 나의 제안을 받아들여 그렇게 하기로 결정이 났다. 덕분에 우리는 그 땅에 잔디를 심어서 직원들 휴식 공간으로 잘 활용했다.

그래서 '중국에서는 되는 것도 없고 안되는 것도 없다'는 말이 나오는 것이다. 매사를 적당히 잘 이용한다면 아직도 중국은 우리가 활용할 부분이 많이 있다.

투자금 회수 대책을 최우선으로

외국 투자법인 우대정책으로 중국 내에서의 영업 활동도 원만하게 해갈 수 있었다. 그러나 어느 때는 공산주의 법을 적용하고 때로는 자본주의 법을 적용시키는 이중적 법 집행을 하기 때문에 가끔 황당하고 때로는 공포스러운 경우도 있었지만 점차적으로 적응이 되었고, 법 적용도 유화적으로 정책이 바뀌어 가면서 전반적으로는 안정적이었지만 불안한 상황은 상존하고 있었다.

이런 상황에서 해외 투자금을 어떻게 회수할 것이냐가 관건이었다. 완전 자본주의 국가가 아닌 중국은 언제 어떻게 될지 모르는 일이기 때문에 투자금 회수를 평소 거래 과정을 통해서 또는 합법적 계약을 통하여 수시로 정기적으로 할 수 있도록 조치를 해놓는 것이 아주 중요하다.

어느 국가든 자국 내에서 수익이 발생하면 그에 상응하는 세금을 징수하게 되어 있기 때문에 이를 잘 회피하면서 투자금이 회수될 수 있도록 고도의 방안을 찾아서 지속적인 영업 활동을 할 수 있도록 대책을 강구해야 한다.

우리는 이를 위하여 제3의 법인을 설립하여 우회 거래를 하면서 합법적으로 투자금 회수를 꾀하여 무난하게 거래를 유지하고 적절히 재무적인 수위 조절도 할 수 있도록 하였다. 가끔은 이런 조치가 잘 안되어 어려움을 겪는 회사들을 많이 볼 수 있었다. '해외투자의 근본적인 목적은 국내회사의 이익 창출에 있는 것이지 해외법인의 수익을 올리는 것이 아니라'는 것을 염두에 두고 투자에 임해야 함에도 불구하고 출구를 생각하지 않고 적극적으로 투자를 강행하다 보면 공산주의 법의 덫에 걸렸을 경우 크나큰 낭패를 볼 수도 있다는 것을 명심해야 할 것이다.

좌우지간 금형 가공 공정의 개선으로 납기를 단축하고 관리시스템을 전산화하여 작업 효율을 극대화한 데 이어 우리는 국내 생산 시 자재비, 인건비가 많이 들어가는 제품을 중국 현지법인에서 반제품으로 생산하여 들여옴으로 해서 직접원가를 획기적으로 절감했다.

경쟁업체에는 없는 시스템을 3개나 갖추고 있음으로 해서 타업체에서는 따라올 수 없는 3중 무기를 장착한 셈이었다

이렇게 경쟁력을 향상시킨 결과 거래처 확보와 이익 창출에 큰

효과를 봤으며 이로 인해서 재무적으로 탄탄해질 수 있었다.

이에 머무르지 않고 해외 투자 원금을 완벽히 회수하고 현지의 자산은 그대로 순수 자산이 될 수 있도록 대비하여 미래의 중국 시장을 겨냥할 수 있는 교두보를 갖추게 되었다.

해외출장 단상斷想

초창기 일본 출장을 갈 때는 비행기도 머물 호텔도 최저가를 골라서 이용하면서 비행기에서도 호텔에서도 온통 쉴 새 없이 일을 하고 빈틈없는 일정으로 편치 않은 시간을 보내야 했다. 그러다 보니 외곽에 호텔을 예약하여 일하는 시간도 쫓겨야 하고 때로는 호텔비보다 택시비가 더 들어가는 경우도 있었다. 통금시간이 있는 유스호스텔 같은 경우에는 시간 내에 입실하기 위하여 허겁지겁 돌아와야 했던 경우도 있었다. 그리고 만나는 고객이 호텔이 어디냐고 물을 때 대답하기 난감하고 알려질 때는 나의 신분 정도가 노출되는 웃지 못할 상황이 발생하기도 했었다.

중국에 내 공장을 짓고 넓고 멋진 내방을 꾸며 놓은 다음부터는 출장을 가면 확실한 나의 자리가 있다는 안도감이 생기고 멀리 보는 안목도 생기게 되었다. 한발 더 나아가 일은 안정적으로 돌아가고 실질적인 수익이 발생되고 매출 규모가 커지고 직원 수도 늘어나면서 직원들도 행복한 마음으로 일하고 자부심을 갖게 되고, 나 또한 확장적 마인드가 생기면서 새로운 보람과 하고 있는 일에 대한 자부심, 성취감을 느끼면서 출장을 가게 되고 현지에서 만나는 사람들의 신분도 대체로 높아지고 대화의 소재도 크고 넓고 높은 것들로 채워지는 것을 느꼈다.

가끔은 옆 동네도 가보고 골프를 즐기기도 하고 안 가본 곳도 가보면서 미래를 예측해 보고 추가사업에 대한 얘기도 하고 다양하게 시간을 보내게 되니, 지치지 않고 의미 있게 업무를 마무리하고 돌아올 수 있었다. 비행기는 내 일정에 맞는 시간대로 정하고 호텔은 내 취향에 맞는 곳으로 선택을 해서 스트레스 없이 늘 최고의 컨디션을 유지했다.

출장에서 컨디션을 즐겁게 유지하는것도 CEO에게는 상당히 필요하다.

가슴 벅찬 보람

중국 진출 이후 박사과정 공부를 시작했는데 학업을 병행하는 중에도 중국의 사업은 날로 번창해 갔고 여러 일들이 바쁘게 진행되었다.

위해 임대공장에서 금형 자재를 가공하여 한국 본사로 납품한 것은 오롯이 본사의 원가절감과 경쟁력으로 수주 활동에 커다란 기여했다. 이에 따라 수익성도 향상되고 거래처 추가확보에도 효과가 있었다.

거기에 더해 한국 공장에서는 공정개선으로 납기를 단축하고 전산화로 내부 생산성 향상과 1인 책임 가공을 시행해서, 각자가 금형 유지 관리까지 가능하게 되다 보니 고정 거래처에서는 무한 신뢰를 보내오고 주문이 폭발적으로 증가했다. 현재 설비 CAPA로서는 감당이 안 되었다.

우리는 여유자금이 생기는 대로 설비투자를 하였다. 여유자금이 생길 때까지 기다릴 수가 없을 때는 예상되는 여유자금까지 설비투자에 쏟아부었다. 모든 것들이 우리 편이 되어 돌아가는 듯했다. 이때 심정을 이렇게 표현한 적이 있다.

"이렇게 한 30년 간다면 삼성만큼 커질 것 같다."

무서울 정도로 사업은 번창해 가고 달리는 말에 채찍을 가하는 형국이 계속 이어졌다. 일감이 늘어 부지를 매입해서 공장을 새로 짓기로 했다.

안타깝게도 이 무렵 어려운 일도 생겼다. 중국 현지에서 자금관리를 맡고 있던 손위 처남이 뇌출혈로 쓰러져서 백방으로 치료를 하고 국내로 모셔 와서 치료를 극진하게 했지만 결국 일어나지 못하고 10여 년간 고생하시다가 돌아가셨다. 직접 관리를 해오시던 중국회사의 발전을 못 보시고 돌아가시게 된 이 일은 두고두고 가슴 아픈 일이 되고 말았다.

또한 관리를 아주 철저하게 하다 보니 총경리-법인장-가 조폭들로부터 테러를 당하기도 했다.

경험도 없고 대응이 서툴다 보니 감당하기 어려운 일들이 여러 번 있었다.

공장을 완공하고 자체 식당을 운영하기 시작했을 때 상상할 수 없는 일들이 벌어졌다. 한 예로 본인들이 식사할 때 사용하는 수저를 집으로 가져가서 밥 먹을 숟가락이 없는 경우가 생기기도 했었다. 대책으로 개인 지급, 이름 표시, 각자 관리 등 사람을 관리하자는 의견이 많았으나 나는 그런 개인 관리는 역효과가 날 수 있으니, 현재대로 가면서 부족한 수저는 추가로 구입하도록 지시했다. 없어질 만큼 없어지면 안 없어질 테니 지금 상태로 관리하도록 했다. 예상한 대로 얼마 후부터 더 이상 수저가 없어지는 일은 일어나지 않았다.

중국이든 한국이든 나를 믿어주는 사람을 따르는 데는 그리 오랜 시간을 필요로 하지 않는다. 인간은 과격하게 다루면 더욱 과격해지기 마련이다.

이렇게 해서 중국 회사는 지속적으로 성장을 하고 본사 발전에 많은 기여를 하였다.

해외 투자로 성과를 이룬다는 것은 정말 가슴 뜨거운 보람이다.

다각화와 재투자

다각화로 출발한 동하기업

㈜동하기업은 1993년 동하통상 출발 시부터 5년 넘게 사용하던 30여평의 오피스텔에서 1999년 2월에 구입 한 800평의 공장으로 이전을 한다.

공장이 워낙 커 보였기 때문에 유지비용에 대한 걱정도 컸다. 그렇다 보니 처음부터 두 가지 사업을 염두에 두고 공장 레이아웃을 구축하였다.

급변하는 경영 환경에서 위험을 분산하고 지속적인 기업의 발전을 위해 사업의 다각화 전략은 절대적으로 필요하다. 다각화는 수평적으로, 수직적으로, 상호 관련성을 고려하여 추진하는 것이 통상적이지만 때로는 기업의 필요에 따라 수시로 추진되는 경우도 있다. 나는 살아 남기위한 방편으로 다각화를 추진하였다. 공장을 매입하게 된 동기가 당장 무슨 일을 하기 위해서 공장을 매입한 것이 아니라 시기적으로 지금 아니면 기회가 없을 것 같아서 공장을 매입한 것이었다. 그 때문에 당연히 무엇을 할 것 인가도 정해진 바가 없었으므로 처음부터 다각화를 생각하게 되었고 무엇을 할까를 생각하다가 내가 할 수 있는 두 가지 업종으로 출발을 하게 되었던 것이다.

하나는 금형 사업, 또 다른 하나는 전자 사업이었다.

금형 사업은 당시 생각에 모든 산업의 기초이고 뿌리 기술이기 때문에 영원히 존재할 수밖에 없는 사업이라고 생각되어 시작한 것이고 공장은 넓은데 금형 설비를 설치한 후에도 여유 공간이 많아 또 다른 아이템을 찾고 있을 때 전자부품 조립 아이템이 눈에 들어왔다. 그 당시 한창 잘 나가던 제록스 복사기 부품을 조립하여 제록스에 납품하는 임가공업체의 설비와 해당 인력을 동시에 확보를 할 수 있다는 정보가 포착되었다. 이 또한 나에게 찾아온 기회라고 생각되어 별 망설임 없이 흥정을 하고 적당한 가격으로 인수를 진행하여 라인을 세팅하였다.

그리고 전자사업부라고 명명하여 금형사업부와 쌍두마차로 키워갈 계획을 하였다.

용케도 금형 사업은 경제 흐름을 잘 타게 되어 핸드폰 시장과 맞물려서 급격한 성장을 이루게 되었고 시장흐름에 편승하여 쉴 새 없이 달려가야 하는 형국이 되었다. 온통 세상이 핸드폰으로 미처 돌아가는 듯 우리 회사도 낮, 밤 쉴 새 없이 빠르게 성장하면서 '월화수목금금금'으로 하루를 48시간으로 늘려서 쓰고 싶었다. 이때 설비도 매월 증설하고 작업 인력도 끊임없이 충원하며 환경개선과 복지향상에는 얼마를 어떻게 써야 할지를 수시로 고민해야 할 정도였다.

그런데 전자 사업은 오더 확보가 안 된 상태에서 무작정 인력까지 받은 것이 실수였다. 그 인력을 유지하는데 많은 비용이 발생되는 것을 미처 계산에 넣지 않았다. 감당하기가 많이 버거웠다. 사업을 시작하고 일정 기간 동안 인력과 설비를 유지한다는 것이 얼마나 어려운 것인지를 그때 알았다.

소소하게 일은 하는데 고정비용은 걷잡을 수 없이 늘어가고 계속해야 되나 접어야 하나 싶을 때, 핸드폰 관련 꽤 큰 오더가 들어왔다.

작업 인원도 추가로 모집하여 30여 명이 되었다. 갑자기 인원이 30명이 되다 보니 관리도 필요하고 그에 따른 비용도 증가하였다. 현장을 돌다 보면 언제나 2~3명은 딴청을 부리고 있었다. 한쪽 후미진 구석에서는 담배도 피우고 짝을 지어 잡담을 하고 있는 광경을 볼 수 있었다. 화도 나고 뭔가가 잘못 돌아가고 있구나 싶었지만 현장 관리 경험이 없다 보니 어떤 조치가 필요한지 알 수가 없었다. 관리자들은 이런 광경에 익숙한 듯 별다른 대응이 없다. 아무래도 일에는 관심이 없어 보이는 사람들이다. 그리고 식사 시간에는 귀신같이 전원이 단결하듯이 며칠 굶주린 사람들처럼 쩝쩝 소리를 내면서 화기애애한 분위기에서 식사를 하는 모습은 나를 더욱 화나게도 하였지만 일을 해야 했기에 어쩔 수가 없었다. 당시 매번 적자가 나는 시기였기에 뭔가 돌파구를 찾아야 한다는 것은 자명한데 해법을 찾지 못하는 그런 상황이었다. 왜 그렇게 바보짓을 하고 있어야 했는지 아마 경험해 보지 않은 사람은 이해할 수 없을 것이다.

그렇게 진행된 오더는 예상대로 불길한 일이 생기기 시작했다. 수금에 차질이 생기고 수시로 인원 수급에 차질이 발생하였지만 여기까지 왔는데 중단할 수도 없고 현금은 바닥이 나고 직원들 사기는 땅에 떨어지고 오합지졸이 된 이런 직원들을 끌고 가자니 참담하기 이를 데 없었다. 하지만 직원들을 내보내고 이마저도 하지 않으면 그냥 죽겠다는 것이나 다름없으니 그야말로 진퇴양난이 따로 없었다. 매일 아침, 저녁으로 맞은편 회사 직원들을 통근버스가 실어 나르는 모습을 볼 때마다 우리는 언제나 저렇게 안정된 회사가 될 수 있을까? 부러움의 대상이었다.

전자사업부는 서자처럼 금형사업부에 얹혀사는 기분이었기 때문에 몇몇 사람은 금형사업부에 가서 자진해서 일을 도와주는 경우도 있었다. 하지만 정기적으로 상여금을 지급할 때는 전자사업부도 동일하게 지급해 주었다. 그것이 한솥밥 먹는 한식구라고 이야기할 수 있게 하는 것이라고 생각되었기 때문이다. 그러나 아무리 해도 안 되는 사업은 안 된다. 전자사업부는 매일 매월 뭔가를 하고 있지만 그것은 지속성이 없었고 매출량이 적다 보니 이익은 커녕 매달 적자를 면치 못하였다. 기업도 사람과 같아서 두 가지 일을 한 번에 다 잘할 수는 없는 것 같았다.

일단은 금형사업부를 제대로 반석 위에 올려놓고 전자사업부도 점차적으로 챙기기로 마음먹고 먼 산을 바라보듯 전자사업부를 관심의 대상에서 멀어지지 않을 정도로 끌고 가기로 작정하였다.

그러던 어느 날 심각한 표정으로 금형 제작을 부탁한다고 하는 젊은이가 찾아왔다. 아마도 현재 만들고 있는 제품이 금형 때문에 애를 먹고 있는 것 같았다. 우리가 볼 때는 아주 쉬운 일이기 때문에 흔쾌히 그의 고민을 해결해 주고 가격도 그가 생각하는 것보다 저렴하게 제시해 주었다. 그 분은 대 만족이었다.

이야기는 이어져서 이 제품은 어디에 사용되는 건지를 물었더니 삼성 자동차 안테나 부품이라는 것이었다. 마침 우리 전자사업부는 거의 휴업 상태였기 때문에 좋은 찬스다 싶었다. 그것도 우리가 해결해 줄 수 있다고 제안했더니 그러면 더 말할 수 없이 고맙겠다는 것이었다. 그것 때문에 골치가 아픈데 잘됐다고 하면서 우리의 제안을 받아들였다. 우리 입장에서는 금형 오더받아서 꿩 먹고 전자사업부 오더받아서 알 먹고가 되는 것이었다. 그런데 자동차 부품 생산에는 장애물이 많았다. 우선 품질보증이 필요했다. 그래서

ISO9001* 품질인증서도 받고 품질보증 전문가도 확보를 하여 품질보증 시스템을 갖추어야 했다.

초기에 웃지 못할 에피소드 하나를 소개하면 샘플 생산을 해서 검사성적서를 첨부하여 검증을 받아야 했는데 미처 검사기 확보가 안되다보니 검사성적서를 기준치에 맞춰서 임의로 작성해서 제출하였는데 웃지 못할 해프닝이 벌어졌다. 당시 영업직원이 전자쟁이가 아니고 금형쟁이이다 보니 성적서에 기입 할 숫자가 홀수여야 되는데 짝수를 기입한 것이었다. 검사 담당자가 이건 홀수값이 나와야 하는 건데 왜 짝수가 나왔지? 하더라는 것이었다. 적당한 핑계로 넘어가긴 했지만 그 후 여러 번 우스갯소리로 회자되었다.

뜻이 있는 곳에 길이 있다고 했던가 알고 보니 르노 삼성자동차 SM5에는 100% 우리 제품이 장착되는 것이었다. 사업을 시작해서 처음 느껴보는 자부심이랄까 야릇한 감명이 생겼다. 이후 SM5 차가 뒤에 따라오면 먼저 가라고 비켜주고 지나가는 차에는 인사도 하곤 했을 정도로 뿌듯했다. 기쁨과 기대는 여기서 끝나지 않았다. 우리 제품이 SM5에만 들어가는 것이 아니라 일본으로 수출도 되는 것이었다. 물량이 매달 늘어서 설비를 늘리고 야간작업까지 해

---

* 국제표준화기구(ISO)에서 제정·시행하고 있는 품질경영시스템에 관한 기본 국제규격 9000시리즈 중의 하나.
• 9001+: 제품의 설계, 개발, 제조, 설치, 서비스에 대한 품질보증체제
• 9002 : 제품의 제조, 설치, 서비스에 대한 품질보증체제
• 9003 : 제품의 최종 검사 및 시험에 대한 품질보증체제.
2000년 이후 위 세 개가 통합되어 9001만 운영 -

야 할 판이었다.

이렇게 되다 보니 시야가 일본을 넘어 태평양까지 가 있는 것 같았다. 급기야 일본의 세계적인 안테나 메이커 하라다라는 회사에서 대량 구매 계약을 맺자고 우리 회사를 방문하겠다고 한다. 이건 아닌데, 아직 우리는 준비가 안 되었는데 바짝 쫄았다. 그쪽의 상황에 맞추어서 방문일정은 정해졌고 우리는 맞이할 준비를 할 수밖에 없었다.

사실 이제 겨우 안테나 모듈을 생산하기 시작했는데 보여줄 것도 없고 설비도 너무 열악하여 당황스러웠지만 내색을 할 필요는 없다고 생각했다. 사실대로 보여 주기로 하고 필요한 것들에 대하여는 실행 계획서를 작성하여 보여주기로 마음먹고 방문 목적과 준비해야 할 것들에 대하여 알려달라고 요청하였고 거기에 대한 답을 받을 수 있었다. 그래서 나는 있는 것을 사실대로 보여주고 미흡한 설비나 품질보증 관련 사항들은 서류로 작성하여 회사 직인을 찍은 이행계획서로 대신하였다. 현장 실사는 2명이 4~5시간 동안 아주 세밀하게 우리가 겪어보지 못한 방식과 요소요소를 적나라하게 들여다보고 결과 리포트를 작성하여 우리 쪽에 1부를 넘겨주었다.

예상외로 결과는 좋았다. 미흡한 설비 등을 계획서대로 이행해 준다는 전제하에 현장 점검 결과는 100점 만점에 95점을 받았다. 이것으로 우리와 하라다는 일차적으로 파트너 관계가 체결되었고 이런 신뢰를 중시하는 일본에서는 예상대로 우리가 해내기 버거울 정도의 오더를 보내왔으며 우리는 3개월 정도의 예측forecast을 기반으로 미리미리 준비를 해서 납기와 품질을 성실하게 맞춰서 공급해 주었다. 이후 양사 관계가 우호적으로 발전하였고 급기야 자동차 협력업체를 배제하고 직거래를 하자고 제의를 받았으나 나는 그것은 곤란하다고 답하였다. 그 이유 때문인지는 모르겠지만 하라다는 중국 대련 지역으로 생산 거점을 옮기면서 거래가 중단되었다.

하지만 전자사업부의 생명력은 끈질기게 이어졌다.

어느 날 현대·기아 자동차 1차 업체에서 안테나 부품 조립에 대한 제안이 왔다. 내용을 들어보니 르노삼성자동차 안테나 공급업체라는 정보를 입수하고 우리한테 공급 제안을 한 것이었다. 일은 이런 식으로 연결되는 것이었다. 우리는 르노삼성과의 거래가 별 것 아니라고 생각하고 있었지만, 객관적으로 우리를 선택할 이유가 있었던 것이었다. 그런 인연으로 우리는 어렵지 않게 현대·기아차 2차 밴더로 등록을 할 수 있게 되었다.

지금은 현대·기아차 SQ인증*을 받는 것이 거의 불가능 할 정도로 진입장벽이 높다. 그 당시에도 쉽지는 않았지만, 필요조건이었기 때문에 많은 지원을 받아 가면서 어렵지 않게 등록을 할 수 있었다. 2008년을 기점으로 현대·기아가 급성장을 하면서 우리도 지속적으로 성장을 할 수 있게 되었다.

---

* Supplier Quality 공급자 품질인증제도

처음 삼성자동차와 거래를 시작했을 때 SM5 자동차를 만나면 절을 하다시피 고맙게 생각하면서 운전을 하고 다녔는데 현대·기아차를 거래하면서 관련 차종이 늘어나다 보니 너무 많아서 어디다 절을 해야 할지 모를 정도였다. 우리 제품을 달고 달리는 현대·기아차가 그저 고마울 따름이다.

이명박 정부가 들어서 중소기업의 활력이 생기고 현대자동차가 크게 성장하면서 협력업체 확보가 필요해지고 우리 같은 업체가 선택되어서 현대자동차 협력업체로 지정받았다. 졸지에 자동차 안테나 전문업체로 자리매김되면서 일대 변혁을 맞이하게 되었다. 사업의 운이라는 것이 이렇게도 작용할 수가 있구나! 하는 것을 처음으로 느껴보았다.

현대차의 성장과 맞물려서 걷잡을 수 없이 회사는 커져갔다. 날로 팽창해 가는 금형사업부와 전자사업부라는 떡을 양손에 쥐고 어찌할 바를 모르는 지경이 되었다. 매일매일 순간순간이 흥분되고 어디까지 가야 하나 두렵기까지 하는 상황은 적재량을 초과하여 짐을 싣고 항해하는 선장이 방향키를 놓을 수 없는 심정과도 흡사했다. 그러나 항해를 멈출 수는 없는 것이고 안전하게 목적지까지 가야 한다는 일념으로 긴장된 순간들의 마음을 추슬렀다.

이렇게 몇 년을 지내오다 보니 모든 일에는 때가 있었다.

FPCB 산업이 일본에서 한국으로 넘어왔으나 10여 년이 지나면서 점차 경쟁력을 잃어서 중국으로 넘어가게 되고 일부는 베트남으로 이전되면서 자연스럽게 한국 내에서는 퇴출되는 산업이 되었다.

　　그래서 지금은 금형사업부는 해체되어 흔적만 남아있는 상태가 되었고 다각화의 일환으로 제2의 먹거리였던 전자사업부가 주력사업부가 되고 핵심이 되어 있다. 다각화의 추진은 계속 진행되어야 한다.

　　경영자는 또 다른 먹거리 찾는 것을 게을리할 수 없다

공장에서 번 돈은 공장에 투자

공장에서 번 돈을 몽땅 공장에 재투자한다면 아마도 문제가 될 것이 없을 것이라는 확신을 가져본다. 수주가 늘어나면 주문자의 요구도 점차적으로 늘어난다. 납기를 좀 더 빨리, 가격을 좀 더 싸게, 품질을 좀 더 높게 그리고 보이지 않는 사적인 요구도 있게 마련이다. 이런 것들을 등한하게 하면 얼마 안 가서 경쟁업체가 등 뒤에 바짝 와있거나 관계가 좋았던 거래처가 다른 경쟁업체를 찾아 나서는 일이 생긴다. 공급자는 언제나 수요자의 니즈를 살피고 충족시키는 것을 게을리해서는 안 된다. 번 것을 망설임 없이 재투자하여 납기도, 가격도, 품질도 향상시켜 경쟁업체가 따라올 수 없도록 해야 경쟁에서 살아남을 수 있다. 번 돈을 잠시라도 허튼 곳에 투기한다든지 엉뚱한 곳을 기웃거리면 직원들도 거래처도 바로 알아차리고 등을 돌리고 만다. 돈을 벌었을 때 스탠스를 잘 취해야 한다. 벼가 익을수록 고개를 숙이듯 더욱 겸손한 자세로 안정과 지속 성장에 무게추를 두고 심사숙고하여야 한다. 가까이 보면 회사의 첫 고객은 직원들이다. 직원들이 원하는 것은 무엇일까를 우선적으로 헤아려야 한다. 직원들은 회사가 돈을 벌면 나한테는 무엇이 달라지는가를 제일 먼저 생각한다. 그래서 직원들의 상상 이상으로 대우를 높여주어야 한다. 또한 지속적으로 고객의 니즈를 충족시켜 나가야 한다. 이를 위하여 생산성이 좋고 고품질의 성능을 갖춘 설비를 증설하여 고객과 함께하여야 한다. 그리고 미래를 위한 저축도 게을리하면 안 된다. 회사의 수익 창출에 기여한 사람들에게 충분히 돌아갔는지를 지속해서 파악하고 부족한 부분을 채워주는 노력을 반복적으로 해야 하며, 이런 것들로 인하여 신뢰가 쌓일 수 있도록 부단히 생각하고 노력하여야 한다.

다각화로 이룬 중소기업군群, 동하 그룹

새로운 무역회사가 필요했다

㈜대릉 설립 -2008-

　해외에 투자법인을 갖게 되면 예상치 못한 일들을 겪는 경우가 많이 있다. 기업은 설립 목적대로 일을 하고 성장시키면 될 것 같은 데 꼭 그렇지 않다. 의무적으로 또는 필요에 의해서 해야 할 일들이 있다.

　중국에 투자법인을 설립해서 정상적인 거래로 원활하게 사업을 전개해 가고 있는데 중국 당국에서 이전가격*에 대한 심사를 강화

---

* **移轉價格**, transfer price
　관련 기업 사이에 원재료 · 제품 및 용역을 공급하는 경우에 적용되는 가격을 말한다. 이것은 국제 거래에서 발생되는 다국적기업 간의 이전가격 조작에서 특히 문제가 되는데, 이때에는 이러한 이전가격을 부인하고 정상가격을 기준으로 소득금액을 계산하는데 이를 이전가격 과세라고 한다.
　다국적기업이 이전가격을 조작하는 이유는 법인세율이 낮은 나라에 보다 많은 이익이 발생하도록 하여 당해 그룹 전체로 볼 때 법인세 부담을 최소화하고 세후 이익을 극대화하려 하기 때문이다. 이를 위해 법인세율이 낮은 나라(tax haven)의 계열기업에 상품을 공급 할 때는 낮은 가격을 책정하고 공급받을 때는 고가로 매입하여 자동적으로 법인세율이 낮은 나라로 이익이 분여 되도록 하는 것이다.

한다는 뉴스가 자주 등장함으로 해서 당사자인 우리로서는 어떤 대책을 세우고 어떻게 대응을 해야 하는가를 생각하지 않을 수가 없었다. 그래서 만들어진 회사가 ㈜ 대릉이라는 무역회사이다.

동하 한국 본사에서 중국의 투자법인과 직거래를 하다 보면 본의 아니게 중국 당국으로부터 의심을 받게 될 것이 뻔하기 때문에 이를 회피하기 위하여 무역회사를 세워서 우회하게 함으로 해서 이전가격에 대한 오해를 해소시키는 대책이 될 수 있을 것으로 판단되어 별도 회사를 설립한 것이다.

그리하여 중국으로부터 들어올 때 나갈 때 대릉을 거침으로 해서 무역 전담회사를 갖게 되는 결과가 되었으며 장기적으로는 동하그룹의 무역센터 역할을 할 수 있는 전담 회사로 키우는 또 하나의 목적회사가 되었다.

기업은 당초 설립 목적과 다른 사업을 하는 경우가 생기게 된다.

다각화 일환으로 신설한 동하엠씨티의 생산 현장이 너무 열악하여 새로운 공장을 매입하려고 하다 보니 업력業力이 짧아서 자금 조달이 어려웠다. 대릉에서 매입하여 임대를 하는 것이 좋겠다고 검토되어 공장을 매입하기로 하였다. 매입 협상 과정에서 매각하는 공장에서 하던 사업을 정리한다고 하기에 그 사업까지 인수하기로 협의가 되어 사업 아이템이 하나 더 생기는 행운을 얻게 되었다. 우연이었지만 이 사업도 착실하게 13년째 운영을 해서 쏠쏠하게 소득을 올려 주고 있다.

하나의 기업에서 파생되는 효과는 여러 가지가 있다.

2020년 코로나 바이러스의 확산으로 중국과의 교역이 원활하지 못하여 위해威海 법인을 매각하게 되면서 자연히 대릉의 역할도 위축이 되었다. 부진한 사업에 활력을 불어넣을 방안을 모색하다 새로운 기업의 M&A를 검토하게 되었다. 대릉을 지렛대로 활용할 생각을 하게 되고, 역시 그렇게 추진이 되어 금정하이플렉스라는 회사를 하나 더 얻게 되었다. 이 또한 다각화의 일환이기도 하지만 장기적으로 기대를 많이 갖게 하는 기업이기도 하다.

첫 M&A*
㈜동하엠씨티 설립 -2010-

어느 기업에나 리스크는 상존하겠지만 특히 경제환경에 따라 부침이 심한 중소기업에는 작은 환경 변화에도 흔들림이 크게 마련이다. 가지고 있는 하나의 기업이 무너지면 모든 것이 무너지는 경우를 많이 봐왔다. 대부분이 자기 잘못이 아니라 타에 의해서 또는 밀려오는 세파를 일시적으로 견디지 못하여 무너질 수가 있다.

나는 이런 중소기업 경영의 애로를 보완하기 위하여 또 다른 기업을 하나 더 갖는 것도 다각화의 방안이라고 생각하여 내가 감당할 만한 작은 기업을 헌팅해 보고자 몇몇 지인들에게 얘기해 놓았다. 물론 이때 재무적으로 여력이 어느 정도 있었고 경영에 대한 자신감도 충만하였을 때이기에 이런 도전을 시도하였던 것이다.

---

* merger & acquisition, 기업 인수·합병

꿈은 꾸어야 이루어지는 것이다. 지인으로부터 작은 기업 하나를 소개받았다. 그 회사의 주거래처는 두산인프라코어이고 업종은 중장비 부품을 가공하는 것이었다. M&A의 당위성은 현 경영자가 노년에 들어서고 현실적으로 투자가 필요한데 나이상 지금 투자하여 투자금을 회수하는 데 시간이 걸리고 그때쯤에는 나이가 더 많아질 테니 투자의 효율성을 찾기가 어렵다고 판단되어 회사를 정리하고 싶다는 것이었다.

나로서는 망해가는 기업을 인수하는 것보다 살아있는 기업을 인수하는 것도 좋겠다는 생각이 들었다. 그래서 적극적으로 협상을 해서 협상 3개월 만에 인수를 완료하였다. 이렇게 하여 만들어진 회사가 동하엠씨티이다. 인수 얼마 전 미국 여행을 갔을 때 미국의 SOC, 인프라*가 너무 노후되어 일상이 많이 불편하다고 느꼈다. 그리고 서부 지역의 황무지 같은 넓은 땅들의 개발 여지가 많다는 것도 동시에 느꼈다. 이번 M&A를 하면서 '이 사업을 잘 발전시키면 세계적 개발사업에 동참할 수 있는 기회를 가질 수도 있겠구나' 하는 생각이 들었기 때문에 짧은 시간에 결정을 할 수 있었다. 장차 큰 포부를 가지고 할 수 있는 사업꺼리를 하나 더 잡는다는 큰 기대를 가지고 출발하였다.

그러나 역시 어디에나 장애물은 있게 마련인가 보다. 막연하게 두산인프라코어에 납품하는 부품을 가공하는 업체이므로 기업을

---

* Social Overhead Capital 사회간접자본, infrastructure 사회기반시설. 의미가 약간 다르나 비슷한 의미로 사용됨

경영만 잘하면 큰 문제가 없을 것이라고 생각하면서 내가 지금까지 사업을 잘해왔으니 이것도 잘 될것이라는 자만심에 빠져있었던 것 같다. 기업 인수를 하면서 상호와 대표이사를 변경하게 되면 직원들의 동요가 있기 마련이기 때문에 인수와 동시에 직원들의 개별 면담을 실시하였다. 대부분의 직원들이 긍정적인 반응을 보였지만 한 명이 다른 반응을 보였다. 별도의 급여를 받아왔다는 것이었다. 들은 바도 없고 투명경영을 하는 나로서는 받아들일 수 없는 요구조건이라서 생각해 보겠다고는 했지만, 무시하는 쪽을 택하고 있었다.

그런데 1주일 정도 지나서 그 친구가 출근을 하지 않는 것이었다. 그 한 사람 없더라도 큰 문제는 안 될 것으로 생각하고 대수롭지 않게 대하였는데 현장 분위기가 너무 조용하여서 알아봤다. 그 한 사람이 모든 현장 관리를 해왔는데 그가 없으니, 현장이 멈췄다는 것이었다. 하루 이틀은 이 무슨 뚱딴지같은 소린가 싶고 '초장에 골탕 먹이려고 해보는 것이 아닌가' 하고는 안이하게 생각했었는데 그 친구는 표현을 하지 않고 알아서 해주기를 바랐던 것이었다. 그는 이에 대한 항의로 말 한마디 없이, 막바로 행동으로 옮겨 회사를 올스톱시키는 투쟁을 한 것이다.

그 여파가 두산에까지 미쳐서 두산도 라인 정지가 되었다. 실상을 자세히 알아보니 주과장이라는 그 친구가 전 라인의 설비에 프로그램을 설정하고, 기계마다 작업 세팅을 해서 작업 프로그램을 입력해 주면 나머지 직원들은 버튼맨이 되어 생산 작업이 진행되는 시스템이었다. 그래서 이 친구가 없으면 꼼짝없이 라인이 스톱될 수밖에 없는 구조였다.

할 수 없이 요구사항을 들어주기로 하고 데려와서 간신히 라인을 정상화 시켰다. 그 후 나름대로 대책을 세우려고 하였으나 그리 쉬운 일이 아니었다. 3개월이 지날 때쯤 이런 나의 전략을 눈치채고 이번에는 퇴사를 하겠다고 통보하고 다른 회사로 이직을 해버리는 것이 아닌가. 그야말로 대책이 없는 노릇이었다. 기술적인 지식이 전혀 없는 나로서는 모든 방법을 동원하여 해결을 하려 해도 가능해 보이지를 않았다. 회사가 엉망이 되도록 방안을 찾지 못하였다. 하는 수없이 그 친구를 다시 데려오는 수밖에 없다는 결론을 내리고 전략을 데려오는 것으로 바꾸어 어렵게 설득하여 그 친구를 다시 데려오는 데 성공하였다.

요구사항으로 시급 1만 원을 제시하였다. 하는 수 없이 그의 요구를 들어주면서 회사는 다시 안정을 찾을 수 있었다.

엔지니어 한 사람의 농간이 이렇게 큰 여파를 주는 경우는 처음 보았다. 2~3년이 지나고 나서야 그런 약점을 보완할 수 있었으며 지금은 엔지니어들을 분야별로 숙련시켜 놓아서 그런 폐단은 없어졌으나, M&A를 할 때 사람에 대한 검토를 보다 신중히 해야겠다는 교훈을 얻었다.

어려운 과정을 거쳤지만, 사업의 다각화에는 종목의 다양화가 중요하다는 것을 깨달았다. 전자 사업에서 중장비 사업으로 다각화함에 따라 시장을 다변화할 수 있게 되었다. 13년째인 지금은 안정적으로 운영되고 있으며 멀리 보는 한 축을 마련하게 되었을 뿐 아니라 여기서 또 다른 다각화를 검토할 수 있게 되었다. 또한 어려울 때 나누고 일감이 넘칠 때는 서로 합심하여 사업을 전개해 가는 구조를 갖추게 됨으로서 시너지 효과를 낼 수가 있다.

당초의 목적은 새로운 기업에서 창출되는 부는 도전적인 사업에 투자를 하는것이었다. 그러나 한 기업을 안정시키고 키워간다는 것은 여간 많은 노력과 시간이 소요되는 것이 아니기 때문에 아직 까지 그런 목적을 위한 행동을 하지는 못하고 있지만 또 다른 다각 화를 위한 회사로 키워나갈 생각이다.

상생적 M&A
유한회사 상해上海타이거스틸 인수 -2015-

기업사냥을 업으로 하는 전문적인 기업 사냥꾼도 있겠지만 중소기업 간에는 통상 지인들 간에 적임자를 찾아서 M&A를 하는 경우가 대부분이다. 왜냐하면 중소기업은 기업의 경영구조가 시스템적으로 운영되는 기업보다 구성원의 맨파워로 운영되는 경우가 많기 때문에 구성원들의 심기를 건드려서 기업의 핵심역량을 무너뜨리면 기업가치에 손상을 가할 수 있기 때문에 그 부분을 조심스럽게 접근할 수밖에 없다. 따라서 객관적인 기업 가치를 평가한다는 것이 불가능할 수도 있다. 문제는 제시된 거래 금액이 내가 감당할 수 있는 금액인지가 먼저 검토되어야 할 것이다.

아무리 좋은 기업이라 할지라도 재무적으로 무리한 M&A는 현재 하고 있는 사업체까지도 문제가 될 수 있으므로 아주 신중하게 접근하여야 한다.

또 한 가지는 설비구성이 충분히 갖추어져 있는지가 검토되어야 한다. 어떤 제품을 생산함에 있어서 설비는 일부분이라도 미흡하면 생산에 막대한 지장을 주기 때문에 생산에 필요한 설비들이 제대로 갖추어져 있는지를 살펴야 한다. 이때 설비의 노후 정도도 검토되어야 하겠지만 그보다도 더 중요한 것은 있을 것이 있는지를 꼭 확인해야 한다.

세 번째가 인적 구성이 제대로 되어 있는지이다. 당장 생산에 필요한 인원이 충분하게 적절히 구성되어 있는지, 그 인원들이 계속 근무한다는 것을 어떻게 담보할 것인지를 철저히 확인하여야 한다.

그 다음은 경영 관리적 문제이다. 세금 문제나 미수금 미지급금 등은 포괄적으로 어디서 책임질 것인지를 범위를 정하여 명확하게 선을 그으면 문제가 크게 되지 않겠지만, 근접해서 세밀하게 살펴야 할 것이 재고 부분이다.

특히 재고 내용 중 불용재고에 대한 파악이 제일 중요한데 이를 파악한다는 것이 용이하지가 않다. 이 부분을 잘 아는 관리자로 하여금 직접 설명하도록 하여 확인하는 것이 제일 좋겠지만 그것이 여의치 않을 경우 장부상 장기 재고부터 직접 파악해 보는 것이 확실할 것이다.

2015년 ㈜상해타이거스틸을 가와무라 사장으로부터 인수할 때의 일이다.

상해타이거스틸은 일본의 타이거스틸공업(주) 가와무라 사장이 2003년에 설립하여 10여 년간 경영을 하여 왔으나 대표이사의 노령과 건강상의 문제로 내가 인수를 하여야 할 상황이 되어 여러 가지 고민을 하였다. 거기다 당시 이 회사가 3년간 내리 적자를 내고 있었기 때문에 이를 해결할 묘책이 없는 상태에서 인수를 하는 것이 맞는 것인지를 많이 고민하였었다. 다행인 것은 현재의 캐시플로우csah flow는 좋은 편이었고 생산된 제품의 판로가 보장되어 있기 때문에 기본적인 경영 상황이 그리 나쁘지는 않았다.

다만 적자 요인을 파악하기가 어려웠고 이를 해소할 방안을 알지 못하는 상황이었기 때문에 많은 망설임이 있었으나 사장과는 20년지기로 지금까지 서로 협력적인 관계이면서 서로 간에 피해를 준 적도 받은 적도 없었기 때문에 상당한 신뢰를 바탕으로 대화를 충분히 할 수 있었고 무리하게 상대에게 떠넘기는 일은 없을 것이라는 믿음이 있었다. 또한 간절하게 인수를 청해왔기 때문에 고민이 깊어 갔다. 사장이 나에게 가능한 금액을 제시하기를 원해서 나는 회사 가치를 기준 해서가 아니라 감당할 만한 금액을 제시하여 거래는 성사가 되었다.

이후 1년 이상 회사의 상황을 파악하는 데 주력하였다. 일단 거주할 아파트를 임대하여 살림방을 차렸다. 그리고 매월 2주간을 집사람과 상해로 가서 집중적으로 관리 경영을 하였다. 내가 할 수 있는 언어는 한국말과 어느 정도의 영어와 일본어가 전부인데 그

중 일본어가 그래도 소통하기는 나았다. 영어는 한다고 해도 통역이 어려워서 안 될 것 같아서 매일 출근해서 잘 되지도 않는 일본 말을 내가 지껄여 대면 역시 능숙하지도 않은 일본어 통역이 중국어로 통역을 한다. 이렇게 오전 오후 화이트보드에 써가면서 직원들을 설득하고 관리 교육도 시켰다. 이 과정에서 현실적 문제를 파악하고 하루에도 화이트보드를 3~4번 썼다가 지우는 일을 1년 이상 반복했더니 내 눈빛만 봐도 직원들이 무슨 말을 하려는지 알아볼 정도였다. 이렇게 해서 당해 연도에 적자를 끊어내고 흑자로 돌아설 수 있었다.

그러나 사회주의 바탕 속에서 살아온 중국인들의 습성은 여간해서 바뀌지가 않았다. 일 예로 현장에 녹슨 설비들이 있어서 내가 다음번 올 때까지 이 녹을 제거하라고 지시를 하고 한국으로 귀국하여 다음 달에 가서 보니 기계의 기능이나 부위의 중요성 등을 감안하지 않고 모든 곳의 녹을 제거하는 데 전력투구한 것을 보았다. 기계 전체를 갈아 놓은 것을 보고 이 사람들은 주관은 없고 시키면 복종은 잘한다는 것을 알게 되고 그 후 경영에 이점을 많이 참고하였다. 따라서 그들의 습성을 알게 됐고 이에 맞추어 경영을 하여야 겠다는 판단을 했다. 이듬해부터 외주를 통한 경영합리화로 수익 창출을 도모하기로 마음먹었다.

외국인 투자법인은 모든 것을 원칙적이고 합법적으로 해야 하는 곳이 중국이라는 것을 감안하여 외주를 하게 되면 상당부분 그들만의 방법으로 작업을 하고 적절한 타협으로 근무조건이나 작업 방식도 찾아서 할 수 있기 때문에 훨씬 경제적이고 경영활동도 수월할 것이라는 판단을 했다.

이런 변화를 추구하면서 내 능력에 한계를 느낄 때쯤 오법인장을 만나게 되었다. 대덕전자에서 함께 일했던 경험이 있어 서로를 잘 알기 때문에 바로 현실적인 얘기로 들어가 함께 일을 하기로 했다. 중국에서 일한 경력이 15년으로 중국문화에 익숙했던 오법인장은 업무 파악이 끝나자마자 곧바로 외주화를 추진했다. 2년간의 노력 끝에 100% 외주화를 실현하여 직접비용을 최소화하고 경영외적 변화에 미치는 영향을 극소화하여 제대로 된 경영 효과를 기대하고 있는 시점에 코로나 사태가 벌어졌다. 이로 인하여 큰 효과를 보지는 못하였지만 코로나 시기 3년을 무난히 넘길 수 있었다.

이번 상해타이거스틸의 인수는 뜻밖의 다각화에 해당된다. 이번 경험은 기업활동에서 제일 중요한 것 중 하나가 판로라는 것을 실감하였다.

생산량의 60%는 일본이 투자한 중국회사에 공급하고 30~40%는 일본과 한국으로 수출하는 구조여서 판매 걱정은 크게 하지 않았다. 물론 대금 회수 걱정도 없다. 어려운 경제 환경에서도 판로가 확실하고 대금 회수가 확실하다 보니 환차 등 경영환경이 악화되고, 코로나 사태가 벌어진 상황에서도 큰 타격 없이 어려움을 극복할 수 있었다.

바로 판로가 확보되어 있었기 때문이다.

그러나 역시 해외 투자는 국내보다 많은 변수가 있고 예측하기 어려운 장애물이 나타나고 이를 극복하는 데도 많은 에너지를 필요로 한다.

코로나 발생 이후 3년 동안 들어갈 수가 없어서 화상 또는 전화, 서면 대화로 경영을 해야 했는데 한계가 있기 때문에 보이지 않는 손실이 많았던 것도 사실이다. 무엇보다 대면 경영이 안 되다 보니 대화의 폭도 좁아지고 서로 필요한 말만 하는 것 또한 많은 인내력을 요구하는 부분이다. 이만큼 기업을 유지해 간다는 것이 어려운 일이고 이런 어려움을 겪으면서 유지해 가야 하는 것이 기업이라고 생각한다.

M&A로 새로운 기업을 경영 할 때 얼마만큼 나의 경영 스타일로 변화를 시켜서 일관성 있게 경영을 해갈 수 있도록 조직을 만들어 가느냐가 중요한 관건이다.

독자 브랜드 M&A
㈜금정하이플렉스 인수 -2022-

1993년부터 30년간 기업 경영을 해오면서 IMF관리체제와 2008년 금융위기*도 있었지만, 최근 코로나 사태 3년과 같이 오랫동안 경영 환경이 어려웠던 때는 없었다. 특히 지난 3년은 30년간의 기업 활동을 재평가 하게하고 과거를 되돌아보게 하면서 미래에 대한 대비를 해야한다는 울림을 줄 정도로 부정적이면서도 긍정적인 생각을 하게한 시간이었음에 틀림이 없다.

코로나의 아픔을 겪으면서 대부분의 사람들이 어려움을 겪었으리라 생각한다. 나도 예외는 아니다. 경영하고 있는 기업들 모두가 적자를 내고 특히 중국 위해 투자법인은 1년 이상 올 스톱된 상태에서 직원들 급여와 고정비를 감당할 수 없어서 많은 손실을 감수하고 매각처리 하였다. 언제 끝날지 모르는 코로나 팬데믹을 견디

---

* 2008년 9월 15일 미국의 투자은행 리먼브러더스 파산에서 시작된 글로벌 금융위기

다 보면 손실도 눈덩이처럼 커질 것이고 급기야는 본사까지 위험해질 수 있어서 아프지만 매각을 결정하지 않을 수 없었다.

2년쯤 지난 지금 생각해도 끔찍했던 그 당시의 상황을 생각하면 그때 매각 판단이 얼마나 잘한 신의 한 수였나 싶다. 역시 사회주의 국가에 투자나 기업 활동을 기대한다는 것은 무리가 아닌가 싶고 앞으로 해외 투자의 기회가 있을 때에 참고가 될 만한 많은 교훈을 얻은 것으로 위안을 삼아야 할 것이다. 매각 과정에서도 아쉬운 점들이 많았다. 가급적 좋은 가격으로 매각하고 직원들에 대한 보상도 넉넉히 해주고 싶었는데 사회주의에 길들여져 있는 직원들은 한푼 이라도 더 받아내야겠다는 쪽으로 기울어져서 바로 적대감을 가지고 등을 돌리는 바람에 협상은 어려워지고 협상 조건도 우리한테 불리하게 작용하면서 협상이 중단되고 재협상에 재협상을 하면서 매각 금액은 반토막이 나고 말았다. 누구를 탓해야 할지 모르지만 해외 투자에서 경영적인 성공을 하더라도 직원들과의 유대관계까지 기대를 한다는 것은 불가능 하지않나 하는 생각을 지울 수가 없다.

이렇게 하여 20년 전에 힘겹게 진출해서 공장부지를 확보하여 공장을 짓고 직원들과 동고동락하였던 위해 공장은 막을 내리게 되었다. 정신적으로 가장 많은 정을 쏟아부었던 회사였지만 기업이 기울어져 가는 데는 달리 방법이 없었다. 국내기업 두 군데도 적자는 면할 수 없었다. 코로나 2년 차에 결산을 하고 보니 세계적 경기 불황과 원자재가격 급상승 여파로 꼼짝없이 적자를 내었던 것이다. '기가 막히고 앞으로도 어쩔 수 없이 죽어 갈 수도 있겠구나' 하는 불안감을 떨칠 수가 없었다.

무슨 수를 내야겠다는 생각에서 벗어날 수가 없었다. 며칠을 생각했다. 대기업 하청방식의 경영환경에서는 이런 적자 상황을 꼼짝 못 하고 당할 수밖에 없는 노릇인데 무슨 방안이 없는 걸까? 하는 생각을 멈출 수가 없었다.

자식들한테 회사를 물려주는 것이 아니라 죽음의 구렁텅이로 밀어 넣는 것 같은 마음을 떨쳐낼 수가 없었다. 모든 사업이 을의 위치에서 하는 것이라 하더라도 어떤 위험한 상황에 처해있을 때 무슨 조치라도 해보고 당해야 덜 아프지 않겠는가? 하는 생각을 해본다. 어려우면 어려운 대로 좋으면 좋은대로 내 스스로 합리적인 경영방식을 결정하고 가격도 상황에 맞추어서 스스로 결정할 수 있는 그런 회사 그런 상품을 만들어야겠다는 결론에 이른다.

그래서 3~4년 전 언젠가 기업 M&A를 제시받은 것을 생각 해냈다. 당사자한테 연락을 했다. 3년 전에 얘기했던 그 회사 팔렸는가요? 물었다. 아직 팔리지 않았고 지금은 한군데와 협상 중이라고 했다. 기업 현황을 가지고 얘기를 해보자고 했다. 여기도 설립자가 나이가 많아서 더 이상 경영을 하기 어려워서 매각을 하고 싶어하는데 가격적인 조건이 잘 안 맞는 것이었다. 나는 가격은 나중에 협의 하기로하고 사업성과 독자적 경영이 가능한가 부터 알아보기로 했다. 40년 된 회사이다 보니 일단 거래처 확보는 걱정 안 해도 될 것 같았고 당분간 영업은 안정적으로 할 수 있겠다는 생각에 흥미를 갖고 접근하였다. 중간에서 회장을 대리하여 협상자인 박 이사라는 분을 만났다. 인상이 귀공자 타입이고 꽤 진지해 보였다. 첫날은 주로 듣는 데 열중하였고 두 번쯤 만났을 때 회장을 만나자고 제안하였다. 역시 40년 사업가의 이력이 얼굴에 쓰여 있었다. 자기 과거 얘기를 끝없이 하였다. 40년 얘기를 처음 만나는 사람한테 하려니 얼마나 많은 얘깃꺼리가 있겠는지 나는 연신 리액션을 하면서 더 많은 얘기를 듣고 싶어 했다. 훌륭한 분이라고 생각했다. 이런 분이 만들어 놓은 회사를 물려받는 것도 나의 복일 것이라고 생각하고 좋은 조건, 내가 만족할 범위에 들어오면 매입하리라 마음먹고 헤어졌다.

기업 내용은 산업용 덕트를 제조 판매하는 회사이며 역사는 창업한 지 40년 되는 회사로 우리나라 덕트 역사와 함께한 회사라고 봐도 손색이 없을 정도로 상당히 뿌리가 깊은 기업이었다. 역사가 오래되다 보면 좋은 점도 있겠지만 비례해서 흠집도 많으리라 생각되었다. 일단 금액은 영업권과 설비 및 재고 그리고 매입 매출금액의 차액을 정산하는 방식으로 40억원 정도를 제시하였다.

부동산 없이 기업 자체만으로의 금액은 상당히 무리하다고 판단되었으나 우리의 목적이 독자 브랜드를 갖는 것이었기 때문에 어느 정도의 대가는 생각하고 있었다. 때문에 좀더 협상을 진행하면서 판단하기로 하였다. 전년도 결산서를 입수하여 내용을 검토한 결과로는 금액이 아주 얼토당토않은 금액이라고 생각되지는 않았으나 결산서를 그대로 믿을 수는 없는 노릇이기 때문에 대리인과 4~5번의 대화를 나누면서 직원들의 구성과 설비의 노후화 정도, 거래처의 구성과 결제 동향 등을 상세히 묻고 답을 들으면서 대상 기업 금정에 대한 신뢰가 조금씩 쌓아 갈 수 있었다. 하지만 정작 금액 문제는 워낙 민감한 문제라서 잘못 얘기하면 싱겁게 결론이 날 것 같아서 천천히 나중에 거의 끝판에 물어보는 게 나을 거라 생각돼서 궁금하지만 참고 대화를 이어갔다. 7번째 만남에서 박 이사가 만나기만 할것이 아니라 할 말을 해야겠다며 지난번에 35억 정도를 얘기했었는데 30억까지 회장께 얘기를 하겠다고 한다. 나는 조금 더 낮춰서 답변하고 싶었는데 좀 더 끌어보기로 하고 그날도 답을 주지 않았다. 왜냐하면 사실 30억이라는 거금을 모험을 하면서 거래를 할 수는 없었기 때문이다. 그리고 자금 여력도 충분치가 않았고 인수할 마음의 준비가 아직 안 되어 있었기 때문이기도 하였다. 그동안 만남의 장소도 집, 골프장, 식당, 호텔, 서로 시간이 없을 때는 고속도로 휴게소에서도 만났다. 같은 장소에서 계속 만나면 식상할 수도 있고 대화의 실마리를 풀어가려면 다른 장소가 좋을 것 같아서였다. 사실 협상을 하면서 한마디 한마디가 큰 금액을 좌우할 수도 있기 때문에 서로가 조심도 되고 긴장되는 분위기를 오래 끌고 가고 싶지 않은 것이 당사자들의 심정이다. 이를 나는 잘 알고 있었기에 매번 서두르지를 않았다. 8번째쯤은 음성 집근처 레스토랑에서 만났는데 내가 처음으로 가격에 대한 얘기를 던졌다. 파는 사람 입장에서는 30억 이상의 가치가 있다고 생각할 것이고 나도 그런 금액을 많다고 하고 싶지 않지만 사는 내 입장에서는 많든 적든 매입 금액 전체가 리스크이다. 왜냐하면 만약 잘못되는 경우에는 전액을 잃을 수 있기 때문이다. 그래서 나는 '최대로 생각할 수 있는 금액이 20억원 정도이다'라고 처음으로 금액 부분을 어필하였다. 깜짝 놀라는 표정을 지으면서 그런 금액은 회장한테 말도 못 꺼낼 것이라고 엄살을 떤다. 나는 못 들은 척하고 오늘은 여기까지 하자고 하면서 헤어졌다.

일주일쯤 지나서 만나자고 연락이 왔다. 당장 약속을 하려니까 서로 날짜가 잘 맞지 않았다. 그래서 오고 가면서 만날 수 있는 덕평 휴게소에서 만나기로 했다. 식사하기에 알맞은 시간이라 우선 식사를 마치고 차 한잔 하면서 주변을 걸었다. 서로 얘기를 먼저 하기를 기다리는 것 같았다. 상대편 박이사가 얘기를 안 할 수가 없었다. 나는 그의 말을 기다리고 있었다. 대답은 더 이상은 안됩니다. 23억원으로 하시지요. 나 또한 여기서 더 깎으려고 한다면 협상이 깨질지도 모른다는 촉이 있었다. 흔쾌히 좋다고 하면서 이야기는 마무리되었다. 최종적으로 회장의 재가를 받아서 다시 만나자고 한다. 서로 약속을 하고 헤어졌다. 며칠 후 회장의 승인을 받았다고 하면서 음성 집 근처 식당에서 다시 만나서 MOU 체결을 하였다. 수일 내로 시간, 장소를 정해서 매매 계약서를 작성하고 계약 체결을 하기로 하였다. 계약 날짜가 정해지자 매입 대금 준비를 위하여 은행 측과 협의도하고 상호는 그대로 받아오기 위하여 매입회사를 ㈜대릉으로 하였으므로 대릉의 상호를 금정으로 바꾸기로 하였다. 이렇게 이번 일은 순조롭게 진행이 되는 것으로 생각하고 있는데 계약일 전날 계약이 안 될 것 같다고 연락이 왔다. 40년간 해오던 사업을 하루아침에 다른 사람한테 넘기는 것이 잘 받아들여지지 않았던 것 같았다. 박이사가 하루만 시간을 달라고 하면서 회장의 마음을 돌리려고 서산으로 가고 있다고 하였다. 기다려 볼 수밖에 없었는데 늦게 연락이 다시 왔다. 내일 계약을 진행하기로 하였으니 약속 장소에서 만나자고 한다. 사실 직원들의 동요가 있을까 봐 회사 내부를 제대로 한번 보지도 못하고 하는 계약이라서 찜찜하기 그지없었지만 김회장의 언행으로 볼 때 큰 문제는 없을 것이라는 것을 직감으로 느낄 수 있었기 때문에 미련 없이 계약을 추진하기로 하였다.

우여곡절 끝에 2022년 6월 1일 자로 인수하는 것으로 계약을 체결하였다. 이것으로 또 한 번의 고난의 길을 가야 한다는 것을 생각하니 발길이 가볍지만은 않았다. 하지만 동하그룹의 미래를 위하여 가야할 길이라고 생각하면서 독자 브랜드 금정하이플렉스를 크고 높고 아름답게 만들어 볼까 한다.

동하인의 자세 정립

　금형 사업부의 매출 성장과 전자 사업부의 고정 매출이 일상화되면서 회사 경영도 어느 정도 안정화되고 우리만의 조직과 시스템이 필요하다고 느껴지는 시점이 되었다. 어디서부터 무엇부터 정비를 해야할까 생각해 본다. 그것의 시작은 직원들의 마음가짐을 바르게 하는 것이 필요하다고 판단되어 이에 걸맞는 직원들의 바람직한 자세를 구상해 보기로 하였다. 물론 사훈도 있고 경영 이념, 품질 방침도 있지만 사원들의 가슴에 새겨넣을 구체적인 행동 지침이 필요하다고 생각되어 우선 나를 위하고 그다음 회사를 위하고 미래를 위한 문구를 만들어 보기로 하고 적어 내려가 본다.

　제목 "바람직한 동하인의 자세"
　첫째, 나를 위하여 '누군가 해야 할 일이면 내가 먼저 실시한다.'

'시작부터 잘할 수 있도록 철저히 준비한다.' '내가 맡은 일에 최대의 정성을 기울인다.' 모든 출발은 나여야 한다고 생각했다. 그래서 나를 발전 시킬 수 있는 자세를 가질 수 있도록 설계하였다.

둘째, 회사를 위하여 '회사가 필요로 할 때 자신의 능력을 120% 발휘한다.' '최상의 해답을 찾아내도록 끊임없이 노력한다.' '물자와 시간을 효율적으로 사용한다.' 나를 바로 만든 다음에는 회사도 발전시킬 수 있는 여유를 갖는 것도 좋겠다고 생각했다. 회사를 통하여 나를 발전시켜 가는 마음을 갖게 하는 데 문구의 목적이 들어있다.

셋째, 미래를 위하여 '새로운 정보를 이해하고 공부하는 데 힘쓴다.' '약속은 약속으로 꼭 지킨다.' '언제 어디서든 개선할 점을 생각한다.' 나와 회사의 미래를 생각한다면 다시 한번 다짐하고 되새기는 각오가 필요할 것 같은 생각에 이런 문구를 정해서 넣었다. 이중 평생 마음에 두고 살아가도 좋은 말을 고른다면 "약속은 약속으로 꼭 지킨다" 일 것이다.

이런 '3가지 위하여'를 만들어서 직원들이 생각하면서 행동할 수 있도록 매월 실시하는 조회 시간에 선창과 복창을 하도록 하였다. 셀프 만족인지 모르겠지만 대부분의 직원들이 공감하고 그런 자세가 상당히 확립되었다고 믿어진다. 간단하고 누구나 이해할 수 있는 문구이기 때문에 항상 생각하고 행동하는 데 도움이 되었을 것이고 동하를 떠난 후에도 이 문구를 떠올리면서 살아가는 좌표로 삼을 친구들도 있을 것이라고 믿고 싶다.

중소기업 경영자의 기업가 정신

　30명 이상의 직원을 20~30년간 유지하고 있는 제조 중소기업을 경영하는 대부분의 CEO는 나름대로의 기업가 정신을 가지고 경영을 하고있으며 그들만의 애국심과 사명감을 가지고 있다고 할 것이다. 특히 직원들을 가족처럼 생각하고 함께 동고동락하면서 기업활동을 하고 있을 것이다. 왜냐하면 그런 것들이 결여되어 있으면 기업이 유지될 수가 없다. 이를 바탕으로 독창적인 기술과 창의력을 발휘하여 생산되는 재화를 시장에 연계하여 부를 창출하고 창출된 부를 일부는 회사의 발전과 새로운 기술개발과 기업의 미래를 위하여 투자되고 일부는 함께한 직원들의 행복과 복리증진에 사용되어 지는 선순환의 고리를 잘 만들어 가는 것이 기업가 정신이라고 볼 수 있다.

　기업 활동으로 벌은 돈은 그 기업을 위하여 재투자한다면 잘못

될 일이 없을 것이라고 다소 미련한 생각과 판단으로 회사를 지키고, 지름길을 두고 돌아가기도 하고 쉽게 돈을 벌 기회를 사리에 맞지 않다고 간과해 버리기도 하였지만, 회사를 안전하게 지키고 직원들이 다른 직장을 찾아 나서지 않아도 되게 하기 위하여 많은 노력을 하였다. 1997년 IMF관리체제 시절에 남들과 다른 생각으로 이때 아니면 공장을 갖기가 어려울 것 같아서 무리하게 공장을 매입한 일 빼고는 그런 투기적인데 돈을 써본 일이 없다. 그때도 투기는 아니고 갈 길을 재촉하며 개척을 하려다 보니 무리수를 두었지만, 낭떠러지 앞에 서서 일을 하는 기분으로 두렵고 힘들었지만 모두 극복하고 최선을 다하여 온전히 자리를 잡았으니 합리적인 투자로 보아야 할 것이다.

　그러나 2008년 리먼 사태가 있을 때에는 꽤 많은 현금을 보유하고 있었으나 아무 데나 투기적 투자를 해도 돈을 벌수 있다는 것을 알 수 있었지만 불필요한 투자는 하지 않았다. 왜냐하면 혹시 잘못되는 날에는 직원들이 알고 불안해 할까 봐 보유 현금 유지에만 집중하였다.

　이후 2013년에 여유자금으로 현재 공장의 일부를 헐고 4층 건물을 지었는데 이유는 생산적 효과는 별로 없지만 넓은 사무공간과 직원 전용 넓은 식당, 휴게실, 세미나실을 충분히 확보하는데 더 큰 목적이 있었다. 이로 인하여 비록 회사의 자산은 감소하는 역효과가 있었지만, 쾌적한 회사 분위기는 충분히 확보되었다. 10

년이 지난 지금도 그때의 판단은 아주 잘한 일이라고 생각된다.

물론 기업의 목적은 이익 창출이 최우선이지만 우선적으로 신경 써야 할 부분이 많다.

직원들이 잠자는 시간을 빼면 하루 중 가장 많이 머무는 곳이 회사이므로 환경적으로 쾌적하여야 하고 편한 환경을 제공해 주어야 할 의무가 먼저이기에 여유가 있다면 이런 환경적 문제가 우선되어야 할 것이다.

우리 회사에 22살에 입사하여 결혼하고 자녀를 세 명 둔 30년 가까이 다니고 있는 여직원 한부장이 있다. 그 당시는 법적으로 산전産前 휴가 3개월이 전부였던 것으로 기억되는데, 그런 환경에서 아이 셋을 낳으면서 회사 생활도 충실히 하였다. 나는 그에게 늘 말했다. 공公과 사私 중 언제나 사가 우선이니 아이한테나 부모님께 무슨 일이 생기면 회사 일은 뒤로하고 달려가서 가정에 큰일로 발전하지 않도록 신경쓰면서 일하라. 이런 나의 배려로 그녀는 아이도 잘 키우고 부모 공양도 잘하고 회사도 장기근속하면서 모범 사례를 만들어 가고 있다.

이상적인 기업이란 오로지 이익만 추구하고 번 돈을 쌓아두는 곳이 아니라 직원들이 머물면서 일하고 함께 행복을 만들어 가는 곳이다.

시작은 있으나 끝이 없다 -有始無終-

　동하라는 간판을 걸고 사업을 시작했을 때 내가 목표했던 것은 돈을 많이 벌어서 좋은 기업을 만들고 나도 행복해지고 싶은 것이었지만 그보다 우선인 것이 있었다. 그것은 100년 가는 기업을 만들어 가는 것이었다. 주변 사람들은 요즘 잘나가는 것이 피자다, 노래방이다, 등등을 추천을 해주곤 했지만 나는 어떤 단일 종목을 잘해서 일시적으로 돈을 벌어 보겠다는 생각은 아예 없었다.

　시작을 하였으니 끝없이 무한대로 가는 것이 나의 목표였다. 기업은 생물과 같아서 얼마만큼 커지면 거기서 멈출 수 있는 것이 아니라 끝없이 커지거나 튼튼한 뿌리를 만들어 가는 것이기 때문이다. 그래서 우선은 작더라도 강한 기업을 만들고 싶었다. 그래서 큰 기업이 목표가 아니라 100년 이상 유지될 수 있는 회사를 만들어서 돈도 벌고 번 돈으로 건강과 경제적 자유도 누리면서 행복하게 살고 가족들도 윤택한 생활을 할 수 있도록 하고 싶었다.

사실 기업이란 시작은 쉽지만, 유지 발전을 지속적으로 해간다는 것은 불가능에 가깝다. 왜냐하면 중간에 그만두어야 할 일들이 수없이 많이 일어난다. 그런 일이 하루에도 몇 번씩 생길 수도 있다. 장애물을 수없이 넘고 넘어야 발전은 아니더라도 유지를 해갈 수 있는 것이 기업이다. 그 장애물이 나의 노력이나 힘으로 넘을 수 있다면 다행이지만 나의 능력이나 의지와 관계없이 닥쳐오는 경우가 비일비재하다. IMF관리체제 시절의 경우 수입에 의존해서 사업을 해오던 회사가 환율이 갑자기 두 배로 올라갔을 때 의지와 관계없이 많은 희생을 치러야 했고 선택의 여지도 없었다. 10년간 무탈하게 거래해 오던 기업이 어떤 연유든 갑자기 부도가 나면 이 또한 운명으로 받아들일 수밖에 없는 노릇이고 원유나 원자재 가격이 예고 없이 폭등을 하는 경우도 많은데 이 경우도 마찬가지이다.

기업의 앞날을 결정하는 수많은 변수를 요소요소 그때마다 모두 대비하면서 기업을 경영할 수는 없다. 그렇다고 이런 경우에는 기업을 정리해야겠다고 정해놓고 사업을 해갈 수도 없다. 기업은 이익을 추구하는 집단이지만 직원들이 일하고 그 대가로 임금을 받아서 그것을 기반으로 생활하고 미래를 설계하고 나아가 부모를 부양하고, 특히 어린 자식들을 잘 키워서 국가의 인재로 만들어 가는 데 필요한 재원으로 쓰기도 하는 것이다. 그것을 회사에서 공급하는 것이기도 하기 때문에 내가 어렵다고 쉽게 회사를 정리하는 것은 경영자가 함부로 할 수 있는 결정이 아니다.

어떠한 경우에도 기업은 유지되어야 하고 경영자는 이를 위하여 치열한 경쟁을 이겨내야 하고, 끝없는 길을 계속 가야 하는 것이라고 생각한다.

유럽이나 일본에서는 기업역사가 100년을 넘긴 회사들을 흔히 볼 수 있는데 우리나라에는 아직까지 너무 희귀한 것이기에 안타깝기 그지없다. 기업은 시작은 마음대로 할 수 있지만 시작한 기업은 끝없이 계속 이어가야 할 의무가 있다.

3. 기업 물려주기

100년 기업을 만들려면

나는 38세에 창업을 하면서 100년 이상 가는 기업을 만들겠다고 다짐했다.

현재 잘 운영되고 있는 나의 기업들을 100년 이상 이어지게 하려면 누군가에게 물려주고 누군가가 물려받아야 한다.

누구에게 물려 줄 것인가?의 누구는 가족, 제3자이다.

제3자는 주주, 직원 등 관계인일 수도 있고 매각이나 M&A로 인수하려는 기업일 수도 있다.

M&A의 경우는 물려주는 기업이 인수된 후 폐업 조치 되는 경우가 많아 100년 기업의 가능성이 매우 낮다.

내가 살아 있을 때 가족에게 물려 준다면 증여, 사후에 가족이 물려받는다면 상속이 된다.

'가업을 승계받아 집안의 정신을 계승하려 한다.'를 다시 말하면 '가업을 물려받아 집안의 정신을 이어가려 한다.'는 말이 된다.

기업의 소유주인 나로서는 물려받는 입장이 아니고 물려줘야 하는 입장이기에 물려받는 의미의 '승계'라는 단어 대신 '물려주기'라는 표현을 사용하기로 한다.*

38세의 나이로 사업을 시작하면서 물려주기를 염두에 둔다는 것은 어울리지 않는 것이었고 걱정할 일도 아니었다. 오로지 많이 벌어서 튼튼한 기업을 만들고 100년 가는 기업을 만들어 보자고 다짐하였을 뿐이었다.

비록 작은 중소기업이지만 사장인 나도 월급을 정해놓고 직원들과 같은 날 받았을 정도로 처음부터 철저하게 공公-법인-과 사私-개인-를 구분하였고 그것이 습관화되었다. 점차 매출이 늘어나게 되고 덩달아 자본과 부채 등도 늘어났다. 다행히 이익도 매년 늘어나서 미처분이익잉여금이 증가하여 생각보다 큰 숫자의 자산을 보유한 회사가 되었다.

어느 날 증권회사 IPO** 전담 임원으로 있는 친구가 기업분석을

---

* 일반적으로 물려 준다는 의미로 '승계'라는 단어를 많이 사용하는데 '승계'는 '물려받는다'의 의미이다.
** IPO Initial Public Offering 企業公開

해보자는 권유를 했다. 허황된 꿈을 꾸고 싶지 않아서 그런 거 필요 없다고 거절을 하였으나 훗날을 위하여 참고로 한 번쯤 해보는 것도 괜찮다고 재차 권유를 했다.

내심 우리 회사가 어느 정도인가 궁금하기도 하고 훗날을 장담할 수 없으니, 분석을 해보는 것도 나쁘지는 않을 것 같아 그러면 해보라고 하였다.

한 달쯤 후에 분석 결과가 나왔다며 보고서를 가지고 왔다. 우리 회사의 주식 가치가 액면가의 16배 정도 된다는 내용이었다. 당황스러워 놀라움을 감출 수 없었다. 공과 사를 엄격히 구별하며 경영해 온 결과지를 보는 것 같아서 뿌듯한 감정으로 친구와 대화를 이어갔다. 입이 마르도록 경영 칭찬을 하는 친구의 말을 듣고 있자니 민망하기도 했지만, 무슨 말을 더 꺼내려는지 궁금했다.

친구가 이어서 하는 말이 '승계는 어떻게 하려고 하느냐?'고 묻는다. 현재까지 그런 걸 생각해 보지도 않았고 아직은 필요성을 못 느끼고 있다고 하였더니 '이제부터라도 생각해야 한다.'는 것이었다. 그렇지만 '승계'라는 단어를 꺼내기에는 시간이 많이 남아있으니 쓸데없는 일이라고 생각하고 더 이상 생각하지 않았다.

그 당시 증권회사 친구는 IPO를 염두에 두고 기업 평가를 한 것이었기에 별로 신경을 쓰지 않은 것이기도 했다.

그러고 나서 2년쯤 흐른 후 이번에는 아예 기업 평가를 해서 자료를 가지고 온 사람이 있었다. 보험회사의 매니저가 와서 중소기업을 여기까지 일구시느라 정말 수고가 많으셨겠다고 한껏 나를 치켜세우면서 우리 회사 평가서를 보여주면서 승계계획을 세워야 하는 당위성을 설명하기 시작한다. 보험을 권유하기 위한 사기를 치러온 사람 같아서 처음에는 듣는 둥 마는 둥 하였는데 듣다 보니 허황된 이야기가 아니었다.

이를테면 이런 이야기다. 현재 회사의 가치가 100이라면 이것을 개인 소유로 하려면 50을 세금으로 내게 되어 실질적인 개인 재산은 50%로 줄어들고 이것을 2세한테 물려준다면 또다시 50%가 줄어들어 25가 된다는 것이었다.

100억이 자식한테까지 가려면 75%가 세금이 된다고? 결론은 그래서 보험을 들어야 한다는 것이었다.

보험 가입을 권유하는 사람에게 들은 이야기이지만 사실이 그렇고 법적인 근거가 있는 이야기라는 것을 확인하는 계기가 되었다. 이런 상식을 나에게 알려 준 보험설계사의 말이 고마워서 보험을 들어 줬다.

이때 가입한 보험은 나의 노후보장 연금으로 지금 잘 관리되고 있다.

나는 비록 중소기업이지만 산업의 기초가 되는 품목을 생산하는 제조기업 몇 개를 알짜로 키워 운영하고 있는데 100년 이상 가는 기업으로 만들고자 한다.

그래서 나는 기업을 물려주는 것에 대한 고민을 조금 일찍 시작하게 되었다.

중요한 것은 초창기부터 가족 이외의 계승을 염두에 두고 출발하였다면 승계 비용을 들이지 않을 수도 있었겠지만, 승계를 목적으로 사업을 시작하는 것은 아니기 때문에 대부분의 사업가들은 차선책으로 가족 승계를 택할 수밖에 없을 것이다. 중요한 것은 다른 것도 마찬가지겠지만 특히 승계작업은 철저하게 합법적으로 이루어져야 한다. 처음부터 승계의 틀을 만들어서 계획을 세워서 하는 것이 아니라면 낼 세금을 내겠다는 자세로 임하여야 한다. 그렇지 않고 대충 얼렁뚱땅 승계를 하다보면 호미로 막을 것을 가래로도 막을 수 없을 뿐 아니라 2세들에게 커다란 짐을 넘겨줄 수도 있다. 증여세를 내겠다고 마음 먹으면 방법은 여러 가지가 있으며 순리대로 해야 떳떳하게 사업도 지속적으로 할 수 있게 된다. 제대로 세무적으로 평가를 받아 적법하게 세액을 산출하여 납부 방안을 검토해 보고 내야 할 금액이 부담된다면 연부연납이란 제도를 활용하여 분납을 할 수도 있으니 지레 겁먹지 말고 차분히 진행하면 될 것이다. 설립 당시부터 승계를 염두에 둔다는 것이 제일 좋지만 그 시기를 놓쳤다면 중간에라도 검토하고 대비를 하는 것이 승계 작업의 시작이다.

법인과 법인소유자 개인의 관계는 남남이다

– 공公과 사私의 구별이 중요하다 –

　　회사를 설립할 때 목적에 따라 처음부터 법인의 형태로 하는 경우도 있지만 법인 형태의 중소기업은 개인 사업자로 출발하였다가 규모가 커지고 회계처리 적용 기준 등 여건이 변함에 따라 법인으로 전환하는 경우가 많다. 사업자가 개인에서 법인으로 전환한 경우 법인의 소유자는 본인의 회사이므로 마음대로 회계처리를 해도 되는 것으로 착각할 수가 있다. 법인의 기업활동과 법인소유자 개인의 활동 및 생활은 확실히 구별되어야 하며 특히 생활을 함에 있어 둘은 남남의 관계여야 한다.

　　개인 사업자는 비용 지출에 있어 다소 구분이 명확하지 않거나 회사의 이익이 많이 발생하더라도, 여기에 더해 다른 종류의 소득이 더 있더라도 종합소득세 신고 시 반영되어 비교적 단순하게 마무리된다. 혹여 세무신고를 잘못 했다 하더라도 종합소득세의 수 정신고 및 정산 절차를 거치면 납세의무가 끝난다고 볼 수 있다. 그래서 회계처리 등에 대한 부담감이 다소 적다.

하지만 법인의 경우는 법인의 경영활동에 적법하게 비용을 써야 하며 사적인 비용은 철저히 법인의 비용과 구분하여 회계처리를 하여야 한다. 혹시 개인사업자 때의 비용처리 습관대로 법인에서 처리하게 되면 엄청난 일이 벌어질 수 있다. 횡령, 탈세 등의 혐의를 받을 수 있고 이와 관련하여 가산세가 발생하고 법인과 개인이 동시에 처벌받을 수 있다. 만일 이런 일이 벌어진다면 수년간 쌓아온 법인의 업적이 하루아침에 무너질 수도 있다. 그래서 법인으로 전환할 때는 충분히 해당하는 법적 지식을 쌓아서 대비하는 것이 좋다. 잘 모른다면 무조건 법인의 일인가 개인의 일인가를 철저히 구분하여 비용처리를 하여야 한다.

향후 기업을 물려주거나 승계할 계획이 있다면 이런 법인과 개인의 관계성을 충분히 이해하면서 승계에 대한 계획을 미리 세울 필요가 있다.

분쟁의 씨앗을 미리 없애라

　대기업이나 재벌기업에서 상속 분쟁이나 지분싸움으로 일반시민들의 눈살을 찌푸리게 하는 경우를 우리는 자주 보아왔다. 이런 분쟁의 원인은 돈의 규모가 아니라 점유욕 때문이다. 여기서 조금 안으로 들어가 보면 근본적인 원인을 알 수 있다. 대부분이 밥그릇 하나에 숟가락이 두 개 이상 들락거리는 구조적인 문제를 가지고 있다. 밥그릇은 하나인데 거기에 경계가 분명할 수 없고 그 속에서 경쟁하다 보면 분쟁이 발생 할 수 밖에 없다.

　?/N이라는 것을 알고는 있지만 몫에 대한 분명한 선이 없는 것이다. 그리고 대부분 거기에는 51% 이상을 가진 자가 없다 보니 치열한 경쟁을 하여야 하는 것이다. 이런 분쟁을 하다보면 결국 피해는 당사자들한테로 오게 되어있다. 이걸 뻔히 알면서도 분쟁이

벌어지는 것은 필연적이라고 볼 수 있다.

가장 확실한 방법은 회사를 한 사람이 100% 소유하게 한다면 문제의 소지를 없앨 수 있을 것이다. 그러나 기업의 규모가 커지고 사업이 번창하다 보면 어쩔 수 없이 협력적, 분업적으로 사업을 벌여야 하기 때문에 간단한 문제가 아니다.

그래서 설립 초기부터 한 사람한테 절대적인 지분을 확보해 주어야 한다. 실질적인 소유주는 한 사람이 되도록 하는 것이 좋다. 특히 형제 등 가족 간에는 더욱 그러하다. 1세대에서는 자식들이 불협화음 없이 잘 지내다가도 2세로 넘어오면서 크고 작은 분쟁이 생기기 시작한다.

그래서 처음부터 지분을 분명히 해놓을 필요가 있다. 그래야 승계할 때도 문제가 적고 그 후에도 원활한 경영을 유지할 수 있게 마련이다. 형제간에는 사업에 관심이 없는 형제도 있게 마련인데 이 경우에는 일정액을 금전적 상속으로 처리하는 것도 좋은 방법이다.

관계도 없는 회사의 지분을 넘겨주면 회사가 커지면 커지는 대로, 축소되면 축소되는 대로, 분쟁의 소지가 발생하게 된다. 대부분의 형제들은 성격 차이가 심한 경우가 많으며, 성향의 차이가 심한 경우가 대부분이기 때문에 사업으로 인한 경쟁 관계가 되지 않도록 하는 게 좋다.

우애 있게 지내는 형제 사이를 바라는 게 부모의 마음이고 그런 뜻에서 대부분이 하나의 자산에 형제들 공동으로 명의를 해놓는 경우가 많은데 이것은 아무리 우애가 좋은 형제일지라도 99% 분란이 일어나게 되어있다. 당대에 안 일어난다 해도 후대에서라도 반드시 일어나게 될 것이다. 후일 형제간에는 지분 싸움 없이 서로 염려나 해주고 안부나 물어보는 정도가 가장 좋은 것이라고 생각한다.

일상에 관심을 가져 주는 것은 좋지만 사업상 관심은 멀리하는 것이 상책일 것이다. 뭐든지 멀리서 보면 아름다워 보이지만 가까이 가서 보면, 보지 말아야 할 것까지 보이기 때문에 안 봄만 못한 경우도 있고, 보이는데 안 볼 수도 없는 경우가 생기기 때문에, 서로 간 응원은 필요할지라도 지나친 관심은 금물이다.

아무튼 밥그릇 하나에 숟가락이 두 개 이상 왔다 갔다 하지 않게 하는 것이 분쟁의 씨앗을 없애는 지름길이다.

분명한 원칙과 명분이 있어야 한다

사업을 하면서 나는 명분을 많이 따져서 일을 추진하곤 하였다. 아무리 뜻이 좋아도 명분을 세울 수 없으면 오래 지속하기가 어렵다고 생각했기 때문이다. 그래서 파트너가 있던 사업을 나 단독으로 하라는 제의를 받았을 때 명분이 없어서 그 사업을 포기한 경우도 여러 차례 있었다. 지나고 나서 많은 돈을 벌 수 있던 기회였다는 것을 알고 나서도 후회해 본 적은 없다. 그래서 나는 언제나 그런 면에서 자유롭고 떳떳할 수 있었다.

기업 설립의 목적이 명분이나 원칙이 없이 무작정 무한대로 돈을 벌어들이는 데 있다면 만족할 날이 오지 않을 것이고 끝없는 욕심은 언젠가는 화를 불러올 것이다. 설립 목적과 취지에 맞게 기업을 경영해야 할 것이며 목적에 맞게 목표를 세워서 운영해 가고 명분에 맞게 사업 추진을 해간다면 물려주기에서도 큰 문제 없이 순조롭게 이뤄질 것이다.

여기에서 원칙이란 한마디로 이야기 할 수는 없겠지만 이를테면 법적으로 하자 없게 하는 것이고 승계를 하는 사람의 그릇이 갖추어졌는지도 따져봐야 하고 시기적으로는 적절한지도 판단하여야 할 것이다. 단편적으로 이뤄지는 것이 아니고 공식화시킨다는 것은 어려운 것이기에 서로가 동의할 수 있는 공감대 형성이 무엇보다 중요할 것이다.

명분이란 때로는 목적과 상충되는 경우도 있을 수 있는데 너무 명분만 내세우다 보면 기업의 목적을 상실할 수도 있기 때문에 아무리 명분이 좋다 하더라도 앞의 원칙에 부합하는지를 잘 따져봐야 할 것이다. 명분은 여러 가지가 있게 마련이다. 어렵기 때문에, 지금이 적기이기 때문에, 남보다 먼저 해야하기 때문에 등 뭔, 무엇 때문에가 명분이 되어서는 안 된다.

특히 돈을 좇아가는 명분이 되어서는 지속적으로 발전해 가기가 어렵다. 건설적이고 생산적이며 장래성이 담보되어야 지속적으로 사업의 추진력을 확보할 수 있을 것이다.

주는 자와 받는 자의 입장

나는 기업을 어떤 경우에도 아들 둘에게 물려 줄 것이다. 작든 크든 기업이 30년간 유지되다 보면 보이지 않는 기업문화가 만들어져 있다. 가업 물려주기를 해야겠다고 하는 데는 여러 이유가 있지만 사업가 아버지를 둔 아들들은 본의 아니게 피해를 봤다고 생각된다. 왜냐하면 사업가 아버지는 나를 비롯하여 대부분이 가정을 제대로 돌볼 겨를이 없었기 때문에 가족에 대한 미안함이 있다.

그러므로 이에 대한 보상이 첫째 이유이고 둘째는 가족으로서 가깝게 지내고 옆에서 많이 봐왔기 때문에 나를 가장 잘 이해하고 아는 사람이 아들일 것이기 때문이다.

가업승계가 어려운 경우도 많이 있다. 이런 경우에는 승계자로 전문 경영인을 세워 대리경영이 될 수도 있고, 사내 직원이 승계하는 것을 생각할 수 있겠지만 아무래도 기업을 안정되고 책임감 있게 승계하여 경영한다는 것은 가업승계일 것이라고 확신한다.

다만 자식들이 경영인의 자질을 갖추어야 하는데 이것은 매우 확신하기 어려운 일이다.

왜냐하면 아버지 입장과 아들의 입장에는 상당한 괴리가 있다. 아버지는 주는 입장이고 자식은 받는 입장이기에 상반된 입장이 우선 가장 큰 괴리이다. 아버지 입장에서는 30년 쌓아온 것을 거저 준다는 허탈감도 있기 때문에 아들이 완벽하게 준비를 해서 받아 가기를 바랄 것이고, 받는 아들입장에서는 30년 쌓아온 것들을 지켜야 하는 짐으로 느껴질 수 있기 때문에 마냥 즐겁지만은 않을 것이다.

또한 주는 입장에서는 주는 만큼 기대가 있게 마련이다. 그리고 본인은 아낌없이 주고 싶은 마음일 뿐 아니라 매사를 잘 해왔고, 사업에 필요한 것들은 반드시 성사시켰다고 자부하기 때문에 자식들이 자기 말을 스펀지처럼 받아들일 것을 요구하고 있는지도 모른다.

그러나 받는 입장에서는 요즘같이 즐길 거리도 많고 모든 것이 풍부한 세상에서는 고마움보다 받아준다는 입장일 수도 있다. 그러다 보니 고마움은커녕 아버지가 할 수 없는 일의 짐을 덜어준다는 배려라고 생각할 수도 있다. 거기다 아버지는 바닥부터 쌓아 올리는 성취감이 상존했었는데 아들 입장에서는 이미 만들어져 있는 것을 지켜야 하는 부담감이 클 수도 있다. 잘해야 본전이라는 생각과 이미 만들어진 것을 더 크게 만들어 낸다는 것은 매우 어려운 일이기에 그로 인한 스트레스도 적지 않을 것이다. 그리고 처음부터 30년 동안 조금씩 만들어진 것이기에 아버지는 한눈에 모든 것을 파악할 수 있지만 승계하는 아들로서는 과거를 알아간다는 것이 보통 노력으로 할 수 있는 것이 아니다.

그렇기 때문에 40세 정도에 승계를 해서, 혹시 일을 그르치는 경우가 있다고 하더라도 스스로 새로운 것을 만들어 갈 수 있도록 기회를 줘서 본인이 쌓아가는 것을 터득할 수 있도록 조금 빠른 시기에 적극적인 승계를 해주는 것이 좋은 방법이라고 생각한다.

다만 멀리서 바라보면서 어느 정도의 평가는 해주는 것도 필요하다고 본다. 어떤 일을 하고 나면 누군가한테 평가를 받고 싶은 것이 사람의 심리이다. 만약 어떤 시험 결과 점수를 100점을 받아도 30점을 받아도 아무도 관심이 없다면 그는 절대로 공부를 열심히 하지 않을 것이다. 우리는 30점을 받아와도 긍정적인 평가를 해주고 100점을 받아오면 극찬을 해서 더 높은 목표를 생각할 수 있도록 격려와 용기와 힘을 실어 주어야 할 것이다.

그러나 막상 작은 성공에 칭찬을 한다는 것이 쉽지 않다. 호통을 치면서 구원의 손길을 뻗어주고 싶어 한다. 왜냐하면 아버지는 답을 뻔히 알고 있는데 아버지가 볼 때는 너무 쉬운 일을 어렵게 하고 있는 자식이 무능해 보일 수 있겠지만 할 수 있을 때까지 기다려주는 것은 아버지의 몫일 수도 있다. 그에 따른 손실이 아깝기도 하고 믿었던 자식을 계속 바라보기도 쉬운 일은 아니다. 기다림의 시간이 너무 짧다 보면 자식은 아버지를 원망하고 엇나갈 수도 있다. 원만한 가업승계가 만만치가 않다. 승계 과정에서 아버지도 아들도 엄청난 인내력이 필요하고 그 기간도 상당 기간이 필요하다. 인고의 세월을 거쳐서 만들어진 열매로 승계가 이루어졌을 때 아버지도 늙어서 편한 시간을 보낼 수 있고 아들도 성취감을 느끼면서 사업을 영위해 갈 수 있을 것이다.

합리적 납세와 승계자 선정

기업을 물려줄 경우 제3자가 승계를 한다면 양도세, 자식 등 가족이 승계를 한다면 증여세나 상속세가 발생할 것이다. 한국은 이에 대한 부담이 크다.

절세를 생각하지 않을 수 없다. 물론 중요한 문제이다. 그러나 절세라는 것은 말이 쉽지 자칫하면 탈세로 이어지는 경우가 다반사이기 때문에 상당히 주의하여 검토되어야 할 문제이다.

흔히 세금에 대한 부정적 사고가 강하다 보면 적극적인 절세를 추진하게 된다. 특히 일부 세무 전문가들이 극단적 절세를 유도하는 경향이 있는데 당사자는 유혹되기가 쉽다. 물론 세금을 적게 낼 수 있으면 그 방법을 택해야 하겠지만 극단적 절세는 세무 당국의 덫에 걸리게 되고 그로 인한 본연의 사업을 영위하기가 어려워질 수도 있으므로 세금 문제는 보수적으로 판단하는 것이 옳다고 본다.

지나친 절세보다는 합리적인 납세 방법을 찾아서 납부를 하고 세무 분야에서 문제가 생기지 않게 하면서 사업에 집중하는 것이 바람직하다.

다만 불필요한 세금이 납부되지는 않는지 확실하게 살펴봐야 할 것이다.

가장 중요한 것은 승계자 선정을 누구를 어떻게 언제 하느냐가 중요할 것이다. 한번 승계자를 정했으면 지속성이 있어야지 중간에 변동을 준다면 회사에는 큰 타격을 주게 되기 때문에 신중한 결정을 하여야 한다. 승계자로 선정을 해놓았는데 경영이 부실하거나 방향이 내 맘에 들지 않는다고 해서 분별없이 다그치거나 그 자리를 다시 빼앗는 경우도 왕왕 있다.

주변에서 목격한 2건의 사례가 있다.

책임 경영을 하라고 경영권을 주어 놓고 어느 날 회사를 가봤더니 전혀 옳지 않은 방법으로 바꿔 놓아서 너무 화가나서 경영권을 회수하고 본인이 다시 경영을 하기로 했다는 것이다. 이 사례를 보면 아버지와 아들의 관계는 남남보다 못한 원수지간이 되어 돌이킬 수 없는 사태를 맞이할 수도 있다. 이것은 젊은 날에 가족을 버리다시피 하고 키워놓은 기업이지만 그 기업이 가족의 행복을 망치는 결과가 될 수도 있다. 기업이 가족보다 우선이 될 수는 없을 것이다.

또 다른 사례는 맡겨놓고 해보라고 했더니 전혀 움직이지를 않고 있어서 답답하더라. 그리고 한다고 하는 것이 전혀 아버지의 생각과는 다른 방향으로 가고 있어서 때려치우라 했고 아들은 그길로 자기 길을 가겠다고 나가서 돌아오지 않고 있다. 이 또한 안타까운 일이다. 아버지는 회사에 대한 밑그림을 가지고 있기 때문에 무슨 일이든지 짜여진 시나리오대로 써 내려갈 수 있지만 아들은 회사 전체를 알 수 없고 파악하는 데만도 많은 시간이 필요하게 마련인데 나의 생각과 다르다고 윽박지르거나 재촉을 하게 되면 아들은 어떻게 해야 할지 무엇부터 해야 할지 갈 길을 잃고 말 것이다. 회사에 대한 이것저것을 파악을 해야 아이디어가 나올 수 있고 그것도 여러 개를 검토해서 자기 생각을 넣어서 일을 시작할 수 있다. 따라서 장고가 필요하고 장고를 했다고 하더라도 아버지의 의중을 다 읽어내기란 보통 어려운 것이 아니다. 불가능하다. 아버지의 인내심이 더 필요했던 사례이다.

이 두 경우는 모두에게 불행한 일이다.

승계자는 일찍 정할수록 좋을 듯싶다. 일찌감치 정해주고 그로 하여금 매사를 경영의 눈으로 보고 느끼고 생각할 수 있도록 해서 경영 수업 시간을 길게 주므로 해서 서서히 몸에 배일 수 있도록 하는 것이 좋다. 기업문화는 쉽게 드러나는 것이 아니고 내적으로 작용하는 것이기 때문에 구체적으로 표현되거나 가르치고 배우고 하는 것이 아니다. 오랜 시간 동안 몸으로 느끼고 터득해 가는 것이므로 회사의 기본원칙을 바탕으로 직원과의 소통하는 방식 거래처 신용관리, 기업의 경영 마인드 등을 순차적으로 때로는 역동적으로 회사를 위하여 어떻게 대처해야 하는지를 익혀나갈 때 원만한 승계를 이룰 수 있을 것이다.

물려 주다

승계자

나에게는 두 아들이 있다.

아들 둘에게 기업을 물려주고 100년 기업 만드는 것을 응원하며 지켜보기로 했다.

앞의 글에서 언급한 물려주기에 대한 생각대로 품목, 밥그릇, 적성, 비율 등을 고려했다.

첫째에게는 창업해서 지금까지 유지하고 있는 동하기업을 물려줬다.

둘째에게는 내가 세 번째 설립한 ㈜동하엠씨티를 물려 주었다.

㈜대릉은 설립할 때부터 두 아들의 공동 지분으로 균형을 맞춰 주었다.

각자 회사를 열심히 키우고 그 과정속에서 협력할 일이나 지원이 필요한 경우를 대비하여 이 회사가 잘 성장할 수 있도록 간접적으로 지원할 수 있게 공동지분회사를 하나 더 만들어 구조적인 장치를 해놓은 것이다. 그리고 후일에 혹시 모를 어려움이 생긴다면 이 회사에 의지해서 다시 일어설 수 있는 발판으로 삼으라는 의미를 심어서 서로 협력할 명분을 만들어 놓았다. 그래서 그런지 본인이 물려받은 회사 이외에는 관심이 덜하고 서로 간 시기심이 없어 보여 다행이다.

이렇게 실제 경험으로 필요한 공부를 하고 절세하는 방법도 알게 되는 등, 승계자들이 충분한 시간을 가지고 아주 적법하게 업무를 처리할 수 있는 경험을 쌓게 한 후, 안정적인 경영을 할 수 있는 나이가 되었을 때 물려주었다.

두 아들이 독자적인 길을 가지 않고 내 사업을 승계해 줘서 고맙고 기특하다.

물려 준 회사에 문제가 생긴다면

　기업은 생물과 같아서 언제고 위기에 처할 수도 있고 큰 성과를 이룰 수도 있다. 그러나 성과보다는 위기에 직면하는 경우가 더 많을 것인데 위기때 마다 개입을 하는 것은 승계가 아니고 주종관계에서 머물러있는 것이 될 것이다. 그렇다고 방관하고 있어야 한다는 것은 더욱 아니다. 다만 언제나 관심을 갖고 잘못된 방향으로 가고 있다고 생각이 들더라도 조금 더 지켜보는 인내심이 필요할 수도 있다. 어느 정도 자질이 인정돼서 승계를 하였는데, 그도 무슨 생각을 갖고 추진하는 것일 텐데 시작이 어설프거나 잘못돼 보인다고 해서 바로 지적을 한다면 그는 아무 일도 도전할 생각을 하지 않을 것이기 때문이다. 먼저 큰 그림을 살펴보고 크게 벗어나지 않았다고 생각되면 일단은 기다려 보는 것도 좋을듯싶다. 그리고 나름대로 잘못되었을 때를 대비하여 대책을 세워두는 것도 필요하므로 지속적인 관심은 갖되 지적보다는 응원을 먼저 생각하는 배려심을 키워나가야 한다. 그리고 적당한 길목에서 칭찬이든 격려든 잘못에 대해 지적을 해간다면 무난한 관계가 유지될 것이다. 물론 그때마다 사전 조치가 우선이지 돌이킬 수 없는 위기에 빠졌을 때는 서로 관여하기가 곤란할 것이므로 방관은 금물이다.

구조적으로 잘못된 문제라면 적당한 처방이 필요하겠으나 일시적으로 어떤 곤경에 처해 있을 경우에는 적당한 방법을 동원해서 지원을 하여야 할 것이다. 만일 구조적으로 돌이킬 수 없는 큰 위험에 처해있다면 개인적인 방법보다는 기업을 포기 한다든지 M&A를 검토할 수 있을 것이다. 위기라고 해서 무작정 개인적으로 개입하고 특히, 그런 일이 반복된다면 더더욱 개인적 개입은 고려되어야 한다고 본다. 정상적인 경영활동을 하다가도 돌발적으로 위기가 발생할 수도 있는데 그러한 위기는 기업 자체 내에서 해결하는 방안을 찾아내는 것이 가장 바람직할 것이다. 왜냐하면 그런 일을 스스로 해결해 가는 힘을 키워야 급변하는 경영환경에서도 지속적인 경영활동을 해갈 수 있을 것이다. 위기가 온다면 그 책임은 경영자의 몫이며 경영자의 지혜로 위기를 극복해 갈 때 유능한 경영인이고 그것이 원칙이라고 생각한다.

아버지 사후에는 갈라서라

부모가 살아있을 때까지는 아들들이 2세가 되지만 우리나라 정서상 부모의 사후에는 아들도 손자들의 아버지이기 때문에 그의 아들들을 위하여 계획하고 살아갈 수밖에 없을 것이다. 그래서 나는 아들들에게 말했다. 아버지 살아있을 때까지는 하나가 되어서 서로 협력하고 함께 성장해 가는 데 주력하여야 할 것이다.

그러나 아버지 죽고 나면 너희들은 각자 갈 길을 가도록 해라. 이런 사전 유언을 해놓았다. 왜냐하면 내가 죽은 후에도 자식으로 살라고 하는 것은 영원히 그들로 하여금 자식으로 살란 말이나 마찬가지이고 너무 어려운 길이라 지켜질 수도 없는 일이기 때문이다. 아버지가 죽으면 자식이 아버지 노릇을 할 수 있도록 미리 대비해 놓는 것이고 형제가 여럿이면 각자가 가정을 꾸리며 가야하기 때문에 각자 아버지 노릇을 할 수 있어야 할 것이다.

그렇기 때문에 한솥에 숟가락이 2개 이상 들락거리면 안 될 것이고 각자가 스스로 의사결정을 할 수 있는 지배구조가 되어야 할 것이다. 이런 독립적인 지배구조가 부모가 살아있을 때 만들어져 있어야 안전한 승계가 이루어질 수 있을 것이다. 이러한 지배구조를 만들기가 어려운 것은 첫째는 아버지가 계속 아버지여야 한다는 생각에 죽기 직전까지 사업에 관여를 하고 싶어하기 때문이고, 둘째는 자식을 믿을 수 없다고 생각하기 때문이다. 셋째가 가장 심각한 것인데 자식들의 게으름이다. 창업자는 대부분 무자본에서 출발하다 보니 치열하게 살아왔고 결과적으로 많은 것을 이루어 낸 것에 비하면 자식들은 부모에 비해서 너무 평화롭고 치열하지도 않게 살아오다 보니 사업보다 다른 일에 관심이 더 많은 경우가 대부분이다.

다음 세 가지 문제에 대한 답을 잘 찾으면 무난한 승계를 이룰 수 있을 것으로 생각된다.

첫째, 승계를 생각할 때쯤이면 아버지는 할아버지가 되어 있을 것이다. 그래서 회사에서도 사장에서 벗어나야 할 것이다. 집에서의 할아버지같이 회사에서는 회장으로 한발 물러나서 거리를 두고 바라보면서 조금씩만 관여를 하는 것이 좋을 것이다. 여기서 중요한 것은 회사가 다소 흔들리거나 손실을 보더라도 참고 인내력을 가지고 지켜봐야 한다. 젖을 떼고 걸음마를 배우고 스스로 걷기까지는 수많은 쓰러짐이 필수인 것처럼 안쓰러워도 참고 기다릴 줄 알아야 한다.

둘째, 나는 산전수전 다 겪었기 때문에 모든 일을 순간적으로 대처하고 판단할 수 있다고 생각하는 반면에 자식이 하는 일은 너무 비효율적이고 비경제적이고 비생산적으로 하는 것처럼 보일 수 있다. 사실이 그럴 수도 있다. 하지만 나도 과거를 돌이켜보면 바보 같은 짓을 많이 했었다는 것을 기억해 내야 할 것이다. 젊은이가 그들의 방식으로 바른길을 찾아갈 때까지 기다려 줘야 할 것이다.

셋째, 치열하게 살아온 나는 골프나 취미생활 몇 가지를 빼고는 할 일이 별로 없다. 그럴 수밖에 없을 것이다. 그러나 자식들은 지금까지 대학에, 유학에 각종 취미와 운동까지 시키면서 여유와 풍요롭게 살게 해놓고 회사에 와서는 치열한 모습을 보이라고 하면 안 되는 거 아닐까 싶다. 직접적인 일에는 다소 게을러 보일지언정 방법적으로 기술적으로 더 잘 할수 있으니 스스로 가 보도록 지켜보는 것이 정답일 것이라고 믿으면서 함께 동행을 해보는 것도 좋은 승계가 될 수 있을 것이다.

4. 사업의 매력과 경영의 묘미

사업의 매력

사업을 하는 이유와 목적에는 여러 가지가 있다. 적성에 맞는 일을 해가기 위해서인 경우도 있을 수 있고, 어찌 되었든 돈을 많이 벌기 위해서 하는 경우, 어쩔 수 없이 가업을 승계해서 하는 경우 등 여러 가지가 있겠지만 공통적인 목적은 일한 만큼 보상을 받을 수 있기 때문일 것이다.

나는 직장에서 인사 발령이 있을 때마다 나의 인사권은 내가 가지고 있어야 한다는 생각을 했었고 그때마다 창업을 해서 내가 하고 싶은 일을 해봐야겠다고 생각했다.

죽지 않을 만큼 일을 많이 해서 큰 성과를 만들고 그 결과를 돈으로 창출시키고 그것으로 가족의 행복 나아가서는 넓은 범위의 나의 가족까지를 행복하게 해주는 것이 일차적인 목적이었다. 점차 나이가 들면서 이런 나의 판단이 옳았다고 생각하였고 그 일을 구체화 시켜 나갔다.

젊었을 때는 돈으로 모든 것을 해결할 수는 없다고 생각했지만 나이가 들면서 돈이 없으면 해결할 수 있는 일들이 거의 없다는 것을 알게 되었고 자본주의 사회에서 돈의 중요성이 엄청나다는 것도 알게 되었다.

특히 노후에는 돈이 더욱 중요하다는 것도 깨달았다. 건강한 삶을 위해서 시간으로부터 자유로워지기 위해서 하고 싶은 일을 하면서 살기 위해서 그리고 자식이나 손주들에게 대접을 받기 위해서도 모든 것들이 돈과 연관 안 되는 것이 없을 정도로 돈의 비중이 크다는 것을 알고부터 더욱 열심히 사업에 집중하게 되었다.

심지어는 남에게 베푸는 데에도 배려와 양보하는 데에도 돈은 작용하는 것이고 남을 행복하게 만드는 데에도 큰 역할을 하는 것이 돈이란 것을 간과해서는 안 된다. 즉 잘만 쓰면 나만 즐거운 것이 아니라 남도 행복하게 해줄 수 있다. 그런 의미에서 사업을 통하여 돈을 창출하는 것은 매우 중요한 것이다.

그러나 맹목적으로 많이 버는 데에만 매몰되어 있다면 결국에는 불행을 초래할 것이다. 불행의 길로 가지 않도록 돈의 목적지를 잘 정해서 쓰여질 수 있도록 미리미리 사용처를 발굴해서 보람 있고 모두가 행복해질 수 있는 비전을 가지고 사업을 발전시켜 나아가야 할 것이다.

여기에 사업의 매력이 있다.

사업은 시련을 극복하는 과정이다

　18년간의 직장생활을 뒤로하고 사업에 뛰어들어 무엇이든 열심히 하면 좋은 결과를 얻을 수 있을 것이라고 굳게 믿으면서 내 자신에 대한 확신으로 시작하였지만 시련은 멀리 있지 않았다.

　사업 시작 6개월 만에 친구한테 자본금보다 많은 금액을 부도 맞았을 때 암담하고 모든 일이 수포로 돌아가는 것을 온몸으로 느끼면서도 달리 해결 방법을 찾지 못하고 꼼짝할 수 없는 수렁에 홀로 빠져있는 듯한 외로움과 오금이 져려 오는 공포심은 지금도 생각하고 싶지 않은 기억이다.

　안정적이고 미래가 거의 보장된 직장을 뒤로하고 사업을 시작한 것에 대한 죄책감이랄까 가족에 대한 미안함, 이대로 주저앉을 때 가족으로부터의 원망, 주위 사람들의 비아냥거림이 들리는 것 같고 애처롭게 바라보는 시선들, 모든 것들이 나를 외면할 것 같았다. 이럴 때 나는 어디에다 기댈 수 있을까? 사방팔방 내가 기댈 곳은 없었다. 미래의 꿈이 산산조각이 나는 듯한 허탈감이 몰려와 온통 나를 뒤덮었다. 이런 모든 것들을 내색도 못 하고 혼자서 감당해야 했는데 어떻게 빠져나왔는지 지금도 그때를 생각하면 아찔하다. 두드리면 열리고 노력하는 자에게 기회는 찾아온다는 말이 그냥 생긴 말이 아닐 것이다.

부도 맞은 대금을 받아내기 위하여 한번 보지도 못한 친구 형한테 어린 시절부터 지금까지 살아온 배경과 지금의 처지를 세세히 적은 편지를 보냈다. 그 후로도 그분을 만나 보지도 못하였지만, 나의 진심 어린 하소연의 편지가 통하였던 것인지 알 수 없지만 부도 대금을 2년짜리 어음으로 받을 수 있었고 그것을 결국 2년 후에 현금화시킴으로써 해결을 보았다. 당시 그 부도 사건으로 자금이 바닥났을 때 혹시나 하는 생각에 신용보증기금을 두드린 것은 신의 한 수였었다.

신용보증기금을 통하여 3천만 원이라는 큰 자금을 융통하므로해서 오히려 현금 유동성이 더욱 풍부해졌다. 그로 인해서 사업 활동을 더욱 왕성하게 할 수 있는 전화위복이 되고 금전적 실마리를 풀어갈 수 있었다. 이런 시련은 경험 부족에서 초래된 것이었지만 풀어갈 수 있었던 해결책은 그동안 성실하게 살아온 바탕에서 나온 보이지 않는 힘이었다.

돌이켜 생각해 보면 대덕전자에서의 18년간의 삶이 헛된 것이 아니었다. 신용보증기금에서 보증을 받을 수 있었던 것도 한 직장에서 18년의 경력을 인정해서 받을수 있었던 혜택이었다. 바르게 열심히 꾸준히 노력하면서 살아가다 보면 어려운 일이 닥치더라도 어디선가 무엇인가 해결 방안이 솟아날 것이다.

어떤 업종이든 크던 작든 사업은 시련을 극복하면서 시작되는 것이다.

후회되는 것도 있다

　사업을 하면서 어려운 일들은 늘 산적해 있고 쉽게 해결되는 일은 없다. 맘대로 할 수 있는 일이라고는 가진 돈을 계획을 세워서 물품 대금이나 미지급금을 상대에게 주는 것 외에는 없었다. 물건을 파는 것이 제일 어렵지만 물건을 잘못 사면 팔 수 없을 수도 있기 때문에 사는 것은 더욱 어렵다. 그래서 늘 긴장되고 쫓기는 기분으로 일을 하였다. 힘은 들었지만 그래도 두렵거나 후회스럽지는 않았던 것 같다. 언제나 남은 것이 무엇인가 살피기보다 벌어들일 것을 생각했고 내가 취할 수 있는 것들이 세상에 너무 많이 널려 있다는 생각에 하루하루가 설레었고 그 기분 땜에 잠을 설치고 아침 일찍 일어나 출근을 서둘렀다.

　지금도 나는 월요일 아침이 제일 생동감 있고 기대되는 시간이다. 토, 일요일은 생명력이 없어서 늘어지는 느낌이 들어 별로 재미가 없다. 월요일부터는 오늘도 무슨 좋은 일이 생길 것만 같고 아니면 훌륭한 사람을 만나거나 뉴스라도 들으면 그것으로 꿈을 키우고 비즈니스와 연결시켜서 뭔가 소득이 있을 것을 생각하면 절로 기분이 업up되고 오늘 하루를 뿌듯하게 마무리하고 내일로 연결시킨다.

후회되는 것이 있다면 사업을 시작하기 전에 꼭 일본에서 1년을 살아보려고 했었는데 실천하지 못한 것이 후회스럽다.

다니던 회사가 일본 영향을 많이 받는 회사였는데 일본의 문화와 상도의商道義, 일본 현지의 질서 문화는 너무 배우고 싶었고, 그걸 현지에 살면서 직접 체험하고 숙지해서 제대로 된 사업체를 꾸리고 완벽한 기업을 만들어 보고 싶었다. 그러나 사업을 시작하고 나니 할 수 없는 일이 되어 버렸다. 이제라도 기회를 만들어서 해볼까 한다.

후회는 아닐지라도 가족한테 미안한 게 하나 있다. 젊은 시절에 가족과 함께한 시간이 절대적으로 적었다는 것은 돌이킬 수 없는 미안함으로 남아있다. 특히 사업 초기 아이들이 초등학교 저학년 이었기에 엄마의 보살핌이 절대 필요한 시기였음에도 엄마 없이 하교 후에 혼자 지냈을 것을 생각하면 마음이 저린다.

그래도 삐뚤어지지 않고 잘 커 주어서 아주 다행이다. 사업을 열심히 한 사람들은 누구나 있는 애환이 아닐까 싶다. 자수성가하는 사업가는 가족보다 사업에 집중하여야 했다. 나 또한 그중의 한 사람이었다고 생각한다. 돌아가더라도 나는 사업을 택했을 것이다. 그 미안함은 지금부터 조금씩 해소시켜 나가야 한다고 다짐해 본다.

경영자로서 직원들에게 미안할 요인要因을 만들지 마라

경영을 하면서 직원들에 대한 마음이 원망과 미안함이 교차되는 경우가 많이 있다.

아무리 주어도 아깝지 않은 친구들이 있는가 하면 당연히 주어야 하는 급여도 아까운 친구들도 있다. 더러는 눈물겹도록 회사 일을 열심히 하는 광경을 목격할 때 형평성이란 말이 틀릴 수도 있다고 생각한다. 제도권 내에서는 더러 평가에 있어서 한계에 부딪히게 된다. 회사의 일상은 직원들이 불편하지 않게 모든 것이 이루어져야 하는데 실상은 그렇지 못한 경우가 다반사이다.

사장은 불합리한 것들을 봤을 때 그냥 지나치거나 자기 합리화를 하기 일쑤이다. 그러나 그런 것들이 직원들을 불편하게 하고 나아가서는 업무의 비효율화를 가져올 수 있다는 것이다. 많은 것을 주려고만 할 것이 아니라 이런 불편을 없애주는 것이 보다 실질적인 복지일 수도 있다는 것을 알게 되었을 때 얼굴이 화끈거렸다.

예를 들면 휴식 시간에 쉴 공간은 확보 되어있는지? 화장실에 있어야 될 것들은 제대로 있는지? 작업 동선이 불편하지는 않은지? 식사할 때의 불편은 없는지? 등등, 회사로서 해야 할 것들을 안 해줘서 직원들이 불편하거나 스트레스를 받는 것들을 찾아보면 이루 말할 수 없도록 많다. 이런 것들을 하나씩 제거해 간다면 분명 발전하는 회사가 될 것이라고 확신한다.

가사 일을 보면서 회사에서 필요한 물건에 대한 시장조사까지 함께해서 회사에서 물건을 구매할 때 한 푼이라도 절약할 수 있게 하는 지혜로운 직원에게는 고마우면서 형평성 때문에 그때마다 즉시 대가를 지불해 주지 못하는 것도 미안한 일이다. 반면에 회삿돈은 나와 상관없는 일인 것처럼 기계적으로 일하는 친구에게는 주인의식을 아무리 주지시켜도 잔소리로 들을 뿐 개선이 안 되는 직원도 있다. 그러나 이런 직원도 언젠가는 전자의 직원같이 되어주기를 바라면서 함께 가야 하는 것이 미래를 위한 회사에서 해야 할 일이라고 생각한다.

능동적으로 열정적으로 일하는 직원들에 대하여 미안함을 없애기 위하여 수시로 채워 줄 수 있는 방안을 꾸준히 고안해 내고, 잔잔한 복지를 마련하고, 실행해 나감으로써 주어진 임무를 충실히 해가는 데 힘이 될 수 있도록 아낌없는 칭찬을 할 수 있는 문화가 자리 잡는다면, 회사는 지속해서 성장하고 큰 성과를 기대할 수 있을 것이다.

수주를 위한 영업은 하지 마라

　우리는 일상생활에서 수많은 영업사원을 접하게 된다. 그들이 주장하는 내용은 100% 상대방에게 유리한 점을 내세우면서 홍보를 하기도하고 구입이나 약속을 권장하는 것이다. 물론 소비자들이 그것을 다 믿거나 하라는 대로 하는 것도 아니지만 문제가 있다. 소비자들이 영업사원의 말을 따르던 그렇지 않든 간에 이미 비용이 발생되어 제품의 원가에 반영되어 있는데, 영업활동을 하는 만큼 원가가 추가로 올라간다는 것은 부인할 수 없는 사실이다. 좋은 제품은 사라고 안 해도 소비자들이 귀신같이 알아서 사고, 맛있는 음식점은 오라고 하지 않아도, 멀리 있어도 손님들이 찾아가서 사 먹는다. 제조업도 마찬가지라고 본다. 영업 활동을 많이 하게 되면 제품 원가가 상승되어 가격경쟁력이 떨어지고 이익을 내기가 어렵다.

찾아가서 받아오는 오더는 부실한 경우가 대부분이고 이것은 부실 채권이 될 가능성이 높다. 또한 부실 경영으로 연결되게 되는 경우도 많다.

창업 초기 일감이 없다 보니 할 수 없이 영업사원을 두었는데 자질 문제도 있었겠지만, 주문을 받고 제품을 만들어서 납품을 하였는데 결제를 안 해주니 나중에는 수주를 위한 영업이 아니라 채권 회수가 주 업무가 되고 말았다. 거기서 끝나는 것이 아니라 꼴에 발주처라고 밥 사주고 술까지 사주고도 돈은 받지도 못하고, 가는 곳마다 자동차 연료비에 활동 수당, 접대비까지 쓰고 다녔다. 본인은 그것도 영업활동이라고 하고 다녔지만 당당한 행동으로 봐 주기가 어려웠다. 마치 불량 난 제품 대체품 생산한다고 잔업에 특근까지 해서 납기 맞추는 경우와 다를 것이 없었다. 불량 대체품은 생산해야겠지만 불량 영업은 안 하는 편이 좋다.

결심을 하게되었다. 영업을 하지 말자 ~! 영업은 하는 만큼 손해라는 것을 일찍 깨달았다. 찾아다니는 영업은 타사보다 나은 조건을 제시할 때 주문이 성사된다는 약점을 동반하므로 가격도 낮추어야 하고 납기나 품질 조건도 불리하게 제시하게 마련이므로 절대로 좋은 마진을 확보할 수가 없다. 그럼 어떡합니까? 라는 질문에 봉착하게 되는데 그 답은 쉽지 않지만 한번 만들어 놓으면 지속적으로 써먹을 수가 있는 것들이기 때문에 아주 재미있게 작용한다.

일단 회사를 무조건 청결하게 유지하도록 한다. 그래서 찾아오는 사람들로 하여금 믿음이 갈 수 있게 하고, 차를 한잔하더라도 머물고 싶은 곳으로 회사를 만들어야 한다. 제조업 공장은 적당히 지저분해도 된다는 일반적인 생각을 버려야 한다. 금형 공장은 사방이 기름때가 묻어있는 것이 금형 공장으로서의 관록이라고 생각하는 것은 아주 잘못된 생각이다.

나는 금형 공장의 기름때를 모두 없애고 바닥은 사무실 바닥재로 쓰이는 아스타일이라는 소재로 리모델링을 하였다. 그리고 주기적으로 청소 전문 용역회사에 청소를 하게하여 항상 사무실 같은 깨끗한 환경을 유지시켰다. 그리고 거래처의 관리자나 임원급이 우리 회사를 방문하면 반드시 현장을 보여주었다. 보는 사람 모두가 감탄을 하고 칭찬을 할 정도로 현장의 환경을 정비하였다. 이들로 하여금 우리 일은 반드시 여기에 맡겨야겠다고 생각하도록 청결을 유지 시켰다.

둘째는 제대로 된 설비를 갖추어서 기술적으로 하자가 없게 제품을 만들어 낼 수 있도록 해야 한다. 그러려면 엔지니어도 실력을 갖추어야 하고 시스템적으로 품질을 보장할 수 있어야 한다. 이를 위해서 어느 정도 궤도에 오른 후에는 중고 기계는 구입한 적이 없었다. 최신 모델 중에서도 보다 품질이 우수한 설비를 구입하여 설비로 인한 품질 하자를 최소화 시키고 기술자는 자체 교육으로 우리만의 기술을 연마시켜서 어느 단계에 도달하지 않은 숙련공은 직접 작업에 투입하는 것을 배제시켜서 인위적인 품질 하자를 최소화시켰다.

셋째는 그렇다고 가격이 더 비싸서는 안 된다. 생산성을 높여서 원가를 절감한다든지 영업비용을 줄여서 마진을 높이는 것은 자유이지만 경쟁업체보다 가격이 비싸다면 이것은 진정한 경쟁력이 아닐 것이다. 나는 경쟁업체보다 높은 가격으로 팔 이유가 없었다. 왜냐하면 경쟁업체에서 따라 할 수 없는 것들이 많았기 때문에 제조원가를 훨씬 낮출 수 있었고 같은 가격에 팔아도 높은 마진을 확보할 수 있었기 때문이다. 우리는 늘 경쟁업체의 가격만 따라가도 충분한 마진이 확보되고 있었다.

넷째는 이런 경영방식을 유지하기 위해서 확실한 대금결제가 확보되는 거래처만 거래를 하여야 한다. 아무리 좋은 방식도 결제를 제때 제대로 받지 못한다면 지속적으로 유지할 수가 없기 때문에 무엇보다 우선시해야 하는 것이 확실한 결제가 담보되어야 한다. 이것은 크게 걱정하지 않아도 되는 것이 찾아다니는 영업은 부실 거래처를 만나기가 쉬운데 우리는 앉아서 손님을 맞이하기 때문에 돈 안 들이고 손님을 선별할 수 있어서 일만 열심히 하면 된다.

영업이란 흡연과 흡사해서 이익되는 것이 거의 없다. 담배를 피우면 안 피우는 사람보다 주머니와 주변이 복잡하고 불필요한 것들 때문에 스트레스받고 주변 사람들한테 피해를 주는 경우도 많이 있다.

선先 투자投資는 금물禁物이다

투자란 '이익을 얻기 위하여 어떤 일이나 사업에 자본을 대거나 시간이나 정성을 쏟음'이라고 국어사전에 의미를 적어 놓았다. 개인적인 생각으로 투자란 누군가에게 돈이나 시간을 제공하고 그 대가로 플러스알파를 돌려받고자 하는 행동이라고 본다. 그냥 제공으로 끝나는 것이 아니고 회수해야 하는 대상인 것이다.

보통 막연하게 사업을 하려면 반드시 먼저 투자를 해야하는 것으로 생각하고 투자를 쉽게 결정하는 경향이 있는데 그것은 안타깝고 해서는 안 될 일이다. 회수가 보장되었을 때 투자해야 한다는 말이다. 많은 사람이 선 투자를 해놓고 회수가 안 되거나 불가능해져서 안절부절하고 조급해하다 보면 그 일로 다른 일까지 그르치는 경우가 있다. 그리고 대부분의 거래조건에서 선행되어야 할 것들이 있는데 그것은 자금의 지출을 의미하는 것들이며 무심코 거래를 위하여 덜컥 선 투자를 하게 된다. 그런데 거래란 그런 투자로 바로 시작되는 것은 아니다. 투자는 기본이고 그다음에 갖추어야 할 것들이 많이 있는데, 그 기본이 없으면 시작 자체가 안된다는 의미이지 투자가 되면 거래가 가능하다는 의미로 받아들여서는 안된다. 그 부분을 잘못 인지하고 투자부터 서두르다 보면 시작도 못해보고 일을 그르치게 되는 경우가 많이 있다. 하찮은 껌 하나도 투자 개념으로 건넸을 경우 일이 성사가 안 되면 서운한 법이다.

중국에서 있었던 일인데 한국회사 직원이 알고 지내는 중국인으로부터 거래를 하자는 요청을 받고, 당신은 설비가 없어서 거래를 해줄 수가 없다고 거절을 했다. 설비를 갖출 테니 거래를 하자는 얘기를 했고 그러면 검토해 보겠다고 했다. 중국인은 그 말을 설비를 갖추면 거래가 된다는 것으로 이해하고 설비를 갖추고 한국인을 다시 찾아갔다. 한국인은 거래를 하려면 또 다른 것들도 갖추어야 한다고 얘기를 했다. 설비만 갖추면 당연히 거래가 이루어질 줄 알았는데 거래가 쉽게 이뤄지지 않자 화가난 중국인은 많은 손해를 보게 되었다. 급기야 중국인은 약속을 어겼다고 한국인을 무자비하게 폭행했다. 한국인은 더 이상 중국에 있을 수 없어서 한국으로 철수했다. 이 예에서 보듯이 선투자는 무서운 결과를 낳게 될 수가 있다. 투자를 할 때는 반드시 결과물에 대한 확신이 있어야 할 것이며 그 결과가 투자 대비 상당한 효과가 있다고 판단될 때 시행하여도 늦지 않을 것이다.

우리 속담에 '급할수록 돌아가라'는 말이 있듯이 지금 하지 않으면 기회를 잃을 것 같은 마음에 투자를 서두르는 경향이 있는데 다른 사람이 앞서가는 것을 보면서 뒤따라가는 것이 지혜로울 수도 있다. 눈에 보이는 돈을 모두 내 것으로 만들려고 하는 것이야말로 나쁜 욕심이고, 나 아닌 다른 사람이 먼저 해서 좋은 결과가 있으면 그것은 그 사람의 복일 것이다. 아무튼 선투자는 조급증을 부르고 조급함은 일을 그르칠 확률이 아주 높은 것이 나의 기우만은 아닐 것이다.

선 투자를 해놓고 노심초사하기보다는 투자 재원을 가지고 있다면 또 다른 투자 기회가 얼마든지 열려있다는 사실을 믿고 차분히 안전하고 효과가 높은 투자처를 찾아보고 검토하는 습관을 갖는 것이 실패를 줄이는 지름길이 될 것이다.

갚을 계획을 세워놓고 남의 돈을 빌려라

아버지께서는 생전에 돈 문제가 거론되면 늘 "남의 돈 쓸 때는 먼저 갚을 계획부터 세워라."고 말씀하셨다. 어려서는 당연한 거 아닌가? 라고 생각하고 지나쳤고 직장 생활하면서는 계획까지 세우면서 돈 빌릴 일이 없어서 그 말씀을 잊고 살아왔는데 사업을 하면서는 매년 한두 번씩 많을 때는 서너 번씩 대출 문제로 은행을 찾게 되고 그때마다 아버지 말씀이 떠올랐다. 그러나 계획을 세워놓고 대출을 받는다는 것은 그리 쉬운 일이 아니었다.

돈이란 숫자로 된 상거래의 기본수단이기 때문에 역시 숫자로 된 거래일자와 함께, 주고받는 일, 잘잘못을 명확하게 하지 않으면 대체 할 것도 없고, 돌이킬 수 없는 불명예를 얻을 수가 있다. 돈을 빌려놓고 갚지 못해서 채권자가 수모를 주어도 갚을 형편이 안 되면 그야말로 난처하고 구차하기 이를 데가 없다. 반대로 채권자 입장에서도 상대방 입장을 뻔히 아는 경우 달랠 수도 가만히 있을 수도 없는 경우가 생기면 그야말로 돈을 달라고 사정해야 하는 입장이 되어 때로는 화가 나기도 한다. 옛말에 "앉아서 빌려주고 서서 받아야 한다."라는 말이 있듯이 돈 문제는 서로가 최대의 예의를 지켜야 하는 것이다.

아버지 말씀의 영향으로 나는 금전 거래에서 단 한 번도 단 하루도 약속을 어긴 적이 없다. 그것이 은행이든, 친구 누구든, 직원과의 약속이든 어디서도 금전적 약속은 정해진 금액, 정해진 날짜에 반드시 이행하였다. 심지어 적금 일자도 어긴 적이 없다. 거래처에도 같은 원칙을 적용해서 대금 결제 날짜를 두 번 이상 어기면 매출에 영향이 있더라도 거래를 중단하였다. 그로 인하여 거래처도 괜찮은 거래처만 남으니 수금 걱정 없이 매출에만 신경 쓰면 되고 업무량도 줄어 업무의 질이 향상되고 결과적으로 은행과의 관계도 원만해지고, 거래처와 서로 좋은 얘기만 할 수 있게 되었다. 직원들과는 일 얘기만 하면 되고 직원들은 집에 가서 월급에 대한 얘기는 하지 않아도 되니 모든 면에서 떳떳하고 진취적인 대화를 이어갈 수 있게 되는 것이다.

회사 형편이 어려워지면 마음대로 할 수 없는 것이 돈 문제이다. 계획을 세워서 대출을 받는다는 것은 그만큼 먹거리 확보가 되어있을 때 가능한 것이고 사업거리를 확보하기 위해서 대출을 받을 때는 상황이 달라질 수 있다. 계획을 세운다 해도 지켜지기가 매우 어렵다. 특히 욕심을 부려서 투자를 한다면 더욱 그렇다. 결론적으로 하고 싶은 말은 기업을 함에 있어서, 투자는 물론 중요하고 해야 하는 것이지만 스스로 감당할 수 있는 단계인가? 때가 되었는가? 성공 확률이 100% 담보되는가? 혹시 실패하더라도 대출금 상환에 문제가 없을 만큼 보유 자산이 확보되어 있는가?를 검토해서 이중 한가지라도 부정적이라면 함부로 투자를 하여서는 안된다. 왜냐하면 기업의 성공과 발전보다 더 중요한 것이 현상 유지이기 때문이다.

한번 재무 상태가 곤경에 처하면 대부분 회복이 불가능하고, 설사 회복이 된다고 하더라도 몇 배의 희생과 고통이 따르며, 상처치유 기간이 얼마나 걸릴지 알 수 없다.

10년 주기로 찾아오는 경제 위기 때마다 가장 많이 회자되는 말이 "강한자가 살아남는 것이 아니라 살아남는 자가 강한 자이다."이다. 급변하는 위기 속에서 가장 중요한 것은 안정적으로 기업을 경영하는 것이 제일이라고 생각한다. 안정적으로 신용을 쌓아가다 보면 기업의 뿌리가 튼튼해지고 직원들도 편한 마음으로 일에 집중할 수 있고 매출도 지속적으로 우상향으로 향상되면서 재무적으로 안정되고, 이렇게 되면 위기가 닥쳐도 새로운 다른 기회를 맞이할 수 있을 것이다.

살고 있는 집은 가족의 보금자리

시간이 갈수록 노력한 만큼의 성과가 있어서 매출이 점차 증가하다 보니 자금 수요가 늘어나고 당장에 필요한 경비를 우선적으로 사용하다 보니 재무적으로 어려움이 생기게 되었다.-이런 경우의 아픔을 경제용어로 성장통이라고 한다- 이럴 때 필요한 곳이 은행이라는 생각이 들어 어느 날 은행을 찾아가 회사 실정을 상세히 설명하면서 대출을 요청하였더니, 담당직원이 하는 말 "사장님은 집을 담보로 하시면 편하게 자금을 쓰실 수 있을 텐데 왜 그걸 안 하세요?"라는 질문을 했다. 이 말을 듣는 순간 너무 화가 났다. 어라! 집은 우리 가족이 함께 웃으면서 머무는 공간이고 그것은 나의 것이 아니라 우리 가족의 것인데 이 친구가 우리 가족을 건드리려고 하는 건가? 하는 생각에 화도 나고 한편으론 서글퍼지기도 하였다.

일일이 구차하게 설명할 수는 없는 것 같아서 그것은 안 된다고 단호하게 얘기하면서 개인의 장기예금을 해약해달라고 하였다. 또 한번 충격을 받았다. 그것은 회사 대출금이 있어서 이면 담보로 잡혀있기 때문에 해약이 불가하다는 것이었다. 옴짝달싹 못 하는 신세가 된 기분이었다. 당시 필요한 자금이 큰 금액이 아니었기 때문에 급하게 어음할인을 해서 해결을 하면서 두 가지를 깨달았다.

은행이라는 곳이 아주 냉정한 곳이라는 것을 알았고, 아주 어려운 상황이 되면 집이고 뭐고 은행이 가져가려 할 텐데 무리한 경영을 하지 말자고 다짐을 하였다. 그렇다고 나는 집의 명의를 아내나 다른 사람으로 변경할 생각은 추호도 하지 않았다. 왜냐하면 그것은 망할 계획을 세우는 것 같아서 그 방법은 아예 생각도 안 했다. 다만 안정적인 사업으로 우리 가족의 보금자리가 타인에 의해서 임의로 흔들리는 일이 없도록 지켜낼 것이라고 각오를 하였다.

또 하나는 회사와 개인이 같은 은행 거래를 하다 보면 위험한 상황이 되었을 때 개인 자산도 담보물로 묶일 수 있다는 것을 확실하게 알게 되었다. 그 후 철저하게 개인 거래은행을 분리하는 계기가 되었고 지금도 그 원칙을 지키고 있다. 흔히 보유 자산의 대부분을 은행에 맡기고 대출을 끌어다 사업자금으로 사용하는 것이 자산 운영을 효율적으로 하는 것이라고 생각하는 경향이 있는데 나는 달리 생각한다.

엄연히 법인과 개인은 법적으로 주체가 다른데 그것을 혼동하면 안 될 것이다. 법인사업자가 법인 소유의 자산을 담보로 제공하는 것은 문제가 안 되지만, 개인 자산은 개인이 잘 지켜야 하는 것이라고 생각한다. 특히 살고 있는 집이 경영 자금을 얻기 위하여 은행에 담보로 제공되어 있다면 전 가족이 가끔은 불안에 떨어야 할 것이다. 사업을 하면서도 우리가 지킬 것은 지키고, 내어줄 것은 내어줄 수 있는 선을 구분하여야 할 것이다. 개인이 투자해서 만든 법인일지라도 법인과 개인 살림은 구분해서 하여야 함에도 불구하고 구별 없이 하다보면 자산 담보제공은 그렇다 치더라도 비용 처리도 구별 없이 하는 경우가 생긴다. 그러다 보면 회사가 아무리 잘되고 크게 성장을 하더라도 세무적으로 문제가 되어 엉뚱한 장애물을 만나게 될 수도 있다.

  지금까지 쌓아온 것이 물거품이 되는 경우를 주변에서 많이 보게되고 수습을 하려고 할 때는 이미 흘러간 물이나 마찬가지여서 돌이킬 수 없는 사태를 맞이하게 된다. 어디다 하소연하지도 못하고 사태를 고스란히 책임져야 되는 것이다. 나의 자산을 내어 주었다고 비용처리도 내 마음대로 해도 되는 것은 아니라는 것을 인지하여야 한다. 특히 1인 주주 또는 가족회사 성격의 법인소유자들은 가족의 안위를 위해서라도 개인과 법인의 선을 명확히 지키는 것을 생활화하여야 할 것이다.

행정 처리는 상식보다 합법적 근거가 우선이다

처음 사업을 시작할 때는 대부분 개인사업자로 시작을 하는데 점점 규모가 커지면 주변에서 주식회사 등 법인 설립을 권유하고, 법인이 좋을 것이라고 믿고 막연하게 법인 설립을 하게 된다. 그런데 이들의 대부분은 회계처리나 행정 처리는 예전 방식으로 해간다. 회계처리는 세무사나 회계사에게 매월 일정액을 주면서 처리하면 된다고 단순하게 생각하고 아주 열심히 사업에 충실한다. 개인사업자는 증빙서류로 세금계산서, 카드 영수증 정도만으로 회계처리를 해가면 될 수도 있지만 법인은 합법적인 근거에 입각해서 지출이 이루어져야 한다.

특히 사적으로 사용한 비용은 합당한지의 검토를 거친 후 증빙을 갖추어서 기업의 비용으로 회계처리를 하여야 한다. 그 선을 찾고 지키는 데에는 상당한 냉정함과 이성적 판단을 필요로 한다. 그

만큼 힘들다는 것이다. 그도 그럴 것이 누구도 나를 통제하는 사람이 없다 보니 스스로 달콤한 유혹에 빠지게 되고 마는 경우가 생긴다. 처음에는 아는 범위에서나마 법을 지키려고 하지만 법인과 개인의 선을 구분하는 것을 게을리하다 보면 범법에 대한 감각이 무뎌지게 되고 심지어는 법을 악용하는 방식을 찾는 경우도 있다.

합법적이지 않은 것들은 종합적인 세무 행정을 하는 기관에서는 얼마든지 걸러낼 수 있기 때문에 유혹에 빠지지 않도록 철저히 사전에 차단하는 것이 중요하다.

명확한 법적 비용을 제외하고는 반드시 기안서를 통한 육하원칙에 입각한 증빙 내용을 작성하여 회계처리 계정을 명확하게 하고, 그에 따른 행정 처리를 할 수 있도록 최소한의 내규가 있어야 하며 특히 대표이사나 대주주는 비용처리에 있어서 냉정하게 원칙을 세워서 합법적인 행정 처리를 해갈 수 있도록 하여야 한다. 일반 상식을 바탕으로 단순하게 회계나 세무 처리를 하는 것은 매우 위험한 일이다. 합법적 근거를 확보하고 세무나 회계, 행정 처리를 해나가야 한다. 그래야 기업이 크게 발전하고 지속적으로 성장해 가는데 거침이 없을 것이며, 성장한 후에 과거를 돌아보지 않아도 될 것이다.

언제까지 현역으로 일할 것인가?

통상적으로 공무원이나 직장인들은 대부분 정년이라는 연령제한이 있는데 사업을 하는 오너 경영인에게는 정년이라는 제한이 없다. 이것은 좋은 면도 있겠지만 안 좋은 면도 있다. 가끔은 법적으로 제한을 두어서 더 일하고 싶어도 일을 하지 못하도록 강제성을 띠는 것도 좋겠다는 생각이 들 때도 있다. 대부분의 오너들이 은퇴 시기를 놓쳐서 너무 늦은 나이까지 일을 하지 않으면 안 되는 경우도 있다.

현역으로의 기간을 스스로 정해서 한계가 오기 전에 내려오는 것이 좋다고 생각한다. 그러려면 미리미리 준비해 둬야 할 것들이 한두 가지가 아니다. 우선은 승계할 사람을 선정해 두어야 한다.

두 번째는 지분 정리가 되어야 한다. 특히 본인 사후에도 문제가 안 되도록 깔끔하고 확실하게 되어있어야 한다.

세 번째는 승계자가 승계할 준비가 되어있어야 한다. 그리고 나머지는 승계자의 몫으로 넘겨주어야 한다. 나는 처음부터 승계구조를 설정해서 맞춤 경영 수업을 자식들한테 시켜두었다.

승계를 하겠다는 다짐도 받아 두었기 때문에 나만 준비가 되면 현역에서 내려올 수 있도록 해놓았다.

지분 정리는 당장 할 수 있는 부분도 있지만 시간이 필요한 것들도 있기 때문에 서두를 필요가 없으나 밥그릇 하나에 숟가락이 여러 개 왔다 갔다 하지 않도록 아들 둘에게 지분을 정리해 가고 있다.

승계는 아들들이 준비가 되었다고 판단되는 시점에 하면 될 것이다. 대략 10년 이상 회사에서 근무하고 나이는 40세 정도 되면 준비가 어느 정도 될 것으로 판단한다. 이런 시기와 어느 정도 일치되면 세 가지 준비가 완벽하지는 않더라도 그때쯤 현역에서 내려올 작정이다.

10년 전으로 돌아간다면

지금부터 10년 전이면 여러 가지가 있겠지만 많이 생각나는 것이 있다.

우리 회사가 성숙기에 있을 무렵인데 그때에는 현금흐름이 아주 좋았기 때문에 매사에 자신감도 있고 가진 자금으로 앞으로 무엇을 할까 많은 생각이 있었다. 당시 하고 싶었지만 할 수 없었던 것이 직원용 자가 구내 식당이었다. 직원 수는 많이 늘었지만, 너무 좁은 공간에서 식사를 하는 것이 늘 마음에 걸렸고 자체 조리를 할 수 없어 배달 식사를 할 수 밖에 없었고 개선에 한계가 있었기에 식당 공간의 확보가 시급하였다. 그 이유로 많은 생각을 하였다.

여유 자금을 다른 곳에 투자를 해서 사세를 키워볼까도 생각했었지만, 시급한 식당 공간 확보가 우선이라고 판단되어 기존건물을 헐고 재건축을 하기로 마음먹고 재건축을 해서 식당 공간도 확보하고 새 건물도 갖게 되었다. 하지만 그로 인하여 여유자금을 전부 소진하는 결과를 초래하게 되었다. 그 후 웬일인지 일이 꼬이기 시작하였다.

장사가 잘되는 조그만 식당에서 돈을 벌어 크게 식당을 확장하면, 장사가 잘 안되는 경우를 많이 보았는데 그 케이스와 유사한 것 같아서 좋은 기분은 잠시이고 한동안 불편한 마음으로 시간을 보냈다. 새 건물에 넓은 공간으로 직원들의 근무 환경은 좋아졌지만, 생산성과 업무 성과는 이렇다 하게 달라진 것이 없다. 왜 이런 현상이 있는 것일까 생각해 본다.

여유가 생기는 데서 오는 자만심 때문이 아니었는지 생각된다. 나는 아니라고 생각하더라도 다른 사람의 눈에는 나의 자만이 보였을 수도 있다. 나의 평가는 내가 하는 것이 아니라 남이 하는 것이라는 말이 있듯이 나의 자만심이 보였을 듯하다. 그래서 그 당시로 돌아간다면 좀 더 다진 후에 완전한 기회가 포착되었을 때 편안함이나 환경 개선을 생각할 것 같다.

여유 있던 자금을 써버리고 나니 그 여유는 사라지고 그런 여유를 만들기 위하여 조급해지는 경향도 있었다고 생각해 보면서 약간의 후회도 있다. 즉 여유 있을 때 더 다져놓아야 더 나은 여유가 생기는 것 같다. 여유가 있을 때 그 여유를 지키기 위한 방안을 가지고 행동에 임하는 것이 최상이라고 확신한다.

기업이든 개인이든, 여유는 가지고 있는 현금에서 나오는 것이고,

행복과 꿈이 있는 미래는 건강이 수반될 때 주어지는 것이라는 것을 명심하고 현금을 충분히 확보하는 것에 최선을 다하는 것이 10년 전이나 지금이나 후회 없는 삶을 위하여 필수 사항인 것이다.

두 번 접었던 골프

    내가 골프를 시작한 것은 38세가 되던 1993년도 직장에 몸담고 있을 때였다.

    얼마 후면 사업을 해보려고 하는데 골프라도 배워둬야 할 것 같아서였다. 재미도 있지만 어려운 것이 골프이다 보니 상당한 열정이 필요했다. 골프를 즐기는 사람들은 누구나 비기너 시절의 추억과 남다른 노력이 있을 때 어느 정도 경지에 이르게 되고 즐기기도 하고 멤버들과 어울릴 수 있다는 것을 알 수 있을 것이다.

    그러기에 골프를 접는다는 것은 지금까지 쌓아놓은 노력의 결과와 인맥을 놔버리는 것을 의미하는 것이기 때문에 접기란 쉽지 않다.

    퇴사를 결심한 뒤 불같이 사직을 하고 보잘것없지만 회사라고 설립을 해서 꾸려갈 무렵, 골프가 어느 정도 수준에 이르렀지만,

사업을 시작하는 입장에서 골프까지 한다는 것이 옳지 않다는 마음에, 사업에만 전념하기로 결심하고 골프를 접었다.

1년 이상을 사업에 집중하고 골프채는 쳐다보지도 않았다. 사업이 안정되고 자리 잡았다고 판단되지는 않았지만 1년쯤 지났을 때 더 이상 골프를 안 한다는 것은 오히려 사업에 지장이 있을 것 같은 판단이 들어 사업상 좋은 결과가 있을 때 스트레스도 풀 겸, 한 번씩 라운딩을 하기로 마음을 먹고 다시 골프를 시작하였다.

골프장에 가기 위해서라도 좋은 결과를 내기 위하여 열심히 뛰기도 하였던 것 같다. 역시 비즈니스에서 골프는 필요하다. 당시 일본과도 거래가 활발했던 시기이다 보니 일본가서도, 일본인이 왔을 때도 골프 접대 한 번이면 대만족이었다. 크게 영업적으로 활용한 것은 없었지만 언제나 써먹을 수 있는 무기 하나는 가지고 있다는 기분으로 골프를 하곤 하였다.

물이 올랐다고 할까, 골프에 매력을 느끼고 푹 빠져있을 무렵 반월공단 공장을 구입하여 금형 공장을 추진하면서 또 한 번 일에 집중해야 할 시기가 왔다. 초창기 어렵게 어렵게 추진하던 금형 사업이 제자리를 찾고 특히 FPCB용 금형 사업이 급격하게 성장해 가면서 한시도 눈을 뗄 수 없을 정도로, 빠른 판단과 수시로 결정해야 할 일들이 많아졌다. 지속적인 설비 증설과 인원 충원, 거래처 대응, 직원들의 근무 환경 개선, 매출 증가에 따른 자재 수급 문제 해결 등 이루 말할 수 없을 정도로 급박하고 바쁘게 돌아가는 상황에서 골프를 친다는 것은, 자칫하면 달리는 말에 채찍질을 해야 하는 시점에 채찍의 기회를 놓칠 수도 있겠다는 생각이 들었다.

이때 다시 한번 골프를 접었다.

급속도로 변화하고 발전해 가는 현재의 사업을 빈틈없이 끌고 가는 데 총력을 기울였다. 할 수 없어서 못 하는 경우도 있는데 언젠가는 다시 할 수 있는 상황에서 스스로 접은 것인 만큼 나는 행복했다.

이로 인하여 사업은 안정적으로 성장할 수 있었고 회사도 질주하는 경주마처럼 쉼 없이 달려갈 수 있었다. 그 결과 금형 납기를 단축하고 품질을 향상시키고 원가를 절감해서 마진을 크게 늘릴 수 있게 되었으며 결과적으로 동종업계의 1인자로 자리매김을 할 수 있게 되었다.

이번에도 1년쯤 후에 골프를 다시 시작하였으며 당시 골프를 참 았던 덕분에 지금까지 부담 없이 골프를 즐겨하고 있다.

은퇴 후의 소박한 꿈

제일 하고 싶은 것은 내 몸을 좀 쉬게 하고 싶다.

그리고 시간적으로 경제적으로 자유로워지고 싶다.

그냥 하고 싶은 거 하면서 살고 싶다. 하지만 일정 소득은 유지될 수 있는 일거리를 만들어서 돈의 맛은 계속 느끼면서 살고 싶다.

그러기 위해서는 건강관리에 최우선으로 시간을 할애하고 일하는 시간은 1~2시간 정도로 안배하고 새로운 취미활동에 스트레스 받지 않을 정도로 약간의 시간 배정, 집안 가꾸기에 좀 시간을 쓰고 나머지는 고향마을 발전을 위하여 할 수 있는 일거리를 찾아서 자원봉사 겸 재능 기부식으로 뭔가라도 기여를 하고 싶다.

또 하고 싶은 것은 숭조 활동도 중요하다고 생각되어서 이 분야에도 시간이 되는대로 관심을 가져볼 생각이다.

그래도 시간이 허락된다면 고향 친구도 만나고 새로운 친구도 사귀어서 함께 어울리는 생활을 하면서 순수한 동심으로 돌아가는 맑은 상태로 안목을 넓히면서 살아보고 싶다. 이기적이기보다 상대를 우선으로 하는 시간이 대부분일 것 같은데 이걸 다하면서 살려면 무척 바쁘게 살아야 할 것 같다. 원래 내가 아침형 인간이 아니니까 아침은 서두르지 않고 먹을 수 있도록 너무 바쁘지 않게 일정을 짜서 여유로운 생활 패턴을 유지하며 살아갈 작정이다.

사람의 수명은 무한한 것이 아니므로 무리하지 않고 노후를 더욱 건강하게 보내면서 기억에 남을 일을 하는 데 시간을 써야 할 것이다.

우선은 아침부터 저녁까지 하루를 보내는데 지루하지 않을 정도의 환경을 갖춘 공간을 만들어 가면 좋을 것 같다. 내가 생각하는 그 공간은 아침에 눈을 떴을 때 바로 자연과 접할 수 있는 장소여야 하고 맑은 공기가 확보되어야 할 것이다. 일반적 먹거리와 물 등은 다른 곳에서 공급받을 수도 있지만 공기는 가져올 수가 없기 때문이다. 그 공간의 크기는 대략 1천 평 이상을 생각한다. 20년 후쯤에는 바깥 외출이 어렵기도 하지만 어딜 가도 환영받기 어려우니 집안에서 활동하고 소일하기 위한 어느 정도의 공간이 필요해서이다.

그런 공간을 확보해서 10년 정도 꾸미고 가꾸고 만들어 가는 것이다. 그런 장소가 확보되면 그곳을 아름다운 공간으로 만들어서 가족이 모여도 좋고 친구가 와도 좋은 환경으로 만들어, 나이 들어 나의 사적 공간에서 웬만한 것을 다 할 수 있게끔 시설과 환경을 갖출 수 있는 준비를 하는데 많은 시간을 쓰고 싶다.

그리고 우리나라 방방곡곡 구석구석을 아내와 함께 돌아보고 눈이 즐거운 장소를 많이 찾아보고 매력적인 곳을 벤치마킹해서 우리 집도 이쁘게 꾸며보고, 집 주위에 좋은 먹거리와 약초들을 재배하는 등 잘 가꾸어서 세월이 갈수록 보물이 될 수 있는 유산의 보고를 만들어 보존하고, 후손들이 와서 즐기고 행복한 시간을 보낼 수 있는 장소를 만들고 싶다.

당장에는 어린 손자 손녀들이 와서 맘껏 뛰어놀고 함께할 수 있는 공간으로 만들고, 그들이 오고 싶어 하는 곳으로 만들면 성공이라고 할 것이다.

그리고 마을의 개선할 점이 있다면 나의 역량을 보태서라도 아름답고 정이 있는 마을로 만들어서 함께 즐겁고 행복하게 살아가는, 누구나 머물고 싶은 마을로 만들어 갈 것이다.

5. 그래서 공부했다

가혹했던 공부 운명

1967년 12월 나는 중학교 입학원서 3장을 들고 서울 가는 완행 버스에 올라탔다. 아니 큰형님 손에 끌려 서울로 가고 있었다. 공부는 서울 가서 해야 한다고 19세 위의 큰형님이 나를 데리러 오신 것이었다. 공부를 썩 잘하는 편은 아니었지만, 그때까지 우리 10남매 중 중학교 문턱을 가 본 사람이 아무도 없었기에 아버지와 형님이 나를 서울에서 공부시키기로 얘기가 되신 거 같았다.

당시 나는 고향 중학교 1차 시험에 합격을 해놓고 서울 가서 좋은 중학교에 합격을 해볼 요량으로 원서를 3장 써서 갔는데 전형료가 만만치 않았기 때문에 원서는 신일중학교 한곳에만 넣었다.

긴장감 없이 시험을 쳐서 그런가 떨어지고 말았다. 당시 신일 중학교는 신설 중학교로 시설 면에서 동양 최고의 학교로 소문나 있었다. 내 기억으로는 5층 건물에 층마다 화장실이 수세식으로 되어 있었고 교실마다 스팀이 들어와서 겨울에도 추위 걱정이 없을 정도였다. 전반적인 시설이 처음 보는 것들이었다. 어린 마음에도 몹시 아쉬웠다. 조금만 잘했더라면 이 좋은 학교에 갈 수도 있었을 텐데 하는 마음에 좀처럼 고향으로 가는 발길이 떨어지질 않았다.

길이 하나 있었다. 6학년을 1년 더 다니고 내년에 다시 도전하면 될 것 같았다. 초등학교를 1년 조기 입학한 나로서는 나이상으로는 문제 될 것이 없었다. 그래서 앞서 합격했던 중학교는 입학을 포기하고 1년 재수를 하기로 하였다. 아마도 내 대신에 누군가가 그 학교를 보결로 입학할 수 있었을 것이다. 6학년을 다시 다니는 것은 그리 재미있는 일은 아니었다. 어찌 됐건 나이는 같아도 후배들과 함께 공부하는 것이라 자존심이 좀 상했다. 아무튼 나의 목표인 서울의 신일중학교가 눈앞에 아른거린다.

일단 여름 방학이 되어 학교 상의도 할 겸 서울의 형님댁에서 시간을 보내려고 갔더니 올해부터는 중학교 입학이 무시험 제도로 바뀐다는 뉴스가 나왔다. 무슨 내용인지를 잘 모르는 나는 개학이 되어 담임 선생님한테 지방에서는 서울에 있는 중학교는 갈 수 없다는 상세한 얘기를 듣고 너무 큰 실망을 하였다.

그러나 형님과 아버지는 포기하지 않고 나를 서울로 보내기로 작정을 하셔서 무작정 서울에 왔는데 시험이 없어졌으니 시험칠데도 없고 어디 가서 알아볼 데도 막막하고 시간은 흘러서 3월이 되어 다들 학교를 다니는 데 나는 갈 데가 없게 되었다.

그러던차 형님이 일단 여기 중학교를 다니고 있으라고 한곳이 대성고등공민학교라는 곳이었다. 멋진 중학교를 다니고 싶던 꿈은 사라지고 졸지에 비정규 중학교를 다니게 되었다. 3개월만 다니고 있으면 정규 중학교로 보내준다는 소개자 말만 믿고 있다가 사기를 당한 것이었다. 거기라도 안 다니면 국졸이 될 것 같아서 할 수 없이 3년을 열심히 다녔다.

그러나 검정고시 시험에 합격하지 못해 파주의 어느 중학교 졸업장을 사서 고등학교 시험을 보았지만 1차, 2차 전부 낙방하고 말았다. 중학교를 다시 재수한다는 것도 그렇고 내 인생에서 공부는 여기까지구나 싶었다.

한동안 방황을 하였다. 갈 데도 없고 다음 목표를 위하여 기다릴 것도 없고 그 나이에 뭐 할 것도 없고 시간 보낼 곳을 찾을 수가 없었다. 마침 그해 4월 15일이 아버지 회갑이었다. 아버지께 효도를 해야 한다는 생각이 떠올랐다.

아버지께서 10남매 키우시느라 고생도 많이 하셨고 이제 회갑이 되셨는데 고향으로 가서 농사일이라도 열심히 해서 효도도 하고 거기서 미래의 꿈을 찾아보자. 이것이 내가 택할 수 있는 최상의 답이라고 확신하고 있을 때, 마침 내 손에 들어온 한 권의 잡지책이 나의 눈을 번뜩이게 했다. 돼지 기르기가 큰 돈을 벌 수 있다는 내용인데, 내 앞길에 신작로가 다가오는 것 같았다. 특히 가슴에 와 닿는 것이 돼지는 아무거나 잘 먹고 임신기간은 120일 정도이고 한 번에 새끼를 10~20마리 낳을 수 있기 때문에 수익성이 아주 좋다는 것이었다.

이걸 보는 순간 인생은 공부로 출세하거나 돈을 많이 벌어서 성공하거나 둘 중 하나만 하면 되는 것이라는 생각이 들었다. 나는 공부에 실패했으니 돈벌이로 승부를 내보자고 굳게 결심을 하고, 고향으로 가는 것이 맞다고 확신하고 고향 가서 농사하면서 아버지께 효도도 하고 돼지를 길러서 돈도 벌고 할 일과 목표를 세울 수 있으니, 일거 양득이 아니라 3득이 되는 것이었다. 돼지가 운명처럼 다가오는 것을 온몸이 받아들이고 있었다.

서당으로 가라

정식 중학교가 아닌 중학교를 다니느라 어린 시절 마음고생도 많았다. 서울에서 중학교를 다닌다고 다들 알고 있을 텐데 내막을 얘기할 수도 없고 할 필요도 없었지만 3년 내내 마음이 불편했다.

하지만 이마저도 내려놓으면 공부를 더 이상 할 수 없게 될까 봐 스스로 중학교에 다니고 있다고 믿고 다녔다. 하지만 이제 고등학교 갈 일도 없어진 마당에 더 이상 학생 신분을 유지할 이유도 없었고 힘겨운 공부의 끈도 내려놓고 싶었다. 이런 떳떳하지 못했던 중학 생활을 정리하고 아버지가 계신 고향으로 내려왔다.

나의 소식을 모르실 리 없는 아버지께서 얼마나 상심이 크실까 싶어서 무슨 말을 어떻게 해야 좋을지 좌불안석이었다.

아버지께서 나를 앉혀놓고 말씀하시기를 신식 공부에 실패했으면 구식 공부도 괜찮으니 서당을 다니거라 말씀하셨다.

어려서부터 유난히 나를 아끼고 귀하게 여기셨던 아버지 앞에서 대놓고 효도 얘기를 꺼낼 수도 없고 농사를 짓겠다는 말도 꺼낼 수가 없었다. 그저 아버지의 처분을 기다릴 수밖에 없었던 나는 서당도 다니고 돼지도 키우고 농사일도 하면 되겠다고 마음을 정리해 봤다.

어렸을 때 친구들의 아버지가 친구들 키에 맞는 지게를 만들어 주고 일을 시킬 때에도 우리 아버지께서는 "어려서 지게를 져버릇 하면 평생 지게꾼이 된다."고 하시면서 나에게는 아예 지게 지는 일을 시키지를 않으셨던 아버지께 농사 얘기를 하는 것은, 아버지를 너무 화나게 하는 일이라는 것을 잘 알기 때문에 그 얘기는 차마 꺼낼 수가 없었다. 다만 나는 깊은 다짐을 하면서 묵묵히 아버지 뒤를 따라다니면서 도와드릴 작정을 하였을 뿐이다.

돼지 얘기는 밑천이 있어야 시작할 수 있는 일이니 당장은 안되고 얼른 얼마라도 벌어서 시작할 일이므로 참고 히든카드로 숨겨 놓고 때를 기다리기로 하였다. 일단은 농사일이 곧 시작되면 본격적으로 할 일이 생길 것이라고 생각하니 새로운 도전이 설레이기도 했다.

그런데 이게 웬일인가 그냥 하시는 말씀인 줄 알았더니 서당에 1년 치 쌀 한 가마니를 갖다주었으니 당장 내일부터 서당 가서 한문 공부를 하라고 하시는 거 아닌가~

난감하기 짝이 없었다. 그 당시 우리 집에 쌀 한 가마니가 있을

턱이 없었다. 어디서 빌려오시느라 며칠이 걸렸던 것이었다. 아니 말씀이라도 한 번 더 해주시든지 이미 거금 쌀 한 가마니를 지불하셨다니 신식 공부 실패해 놓고 아버지께서 그렇게 공부하기를 원하셨는데 못하겠다고 할 수도 없고 진퇴양난이 따로 없었다.

어떻게든지 공부를 시켜야겠다는 아버지의 의지를 져버릴 수도 없었다. 그렇다면 아버지가 원하시는 대로 서당 공부를 하면서 농사를 도와드리고 돼지야 어차피 시간이 필요한 것이니 아버지 말씀을 따르기로 마음먹었다.

다음날 서당에 출석하였다. 훈장님이 이런저런 질문을 하고는 중학교를 나왔으니 명심보감부터 시작하라고 하셨다. 왜 하던 공부 안 하고 내려왔느냐고 물으시기에 고교시험도 떨어지고 아버지께서도 연로하시어서 효도도 할 겸 내려왔다고 하니 나 보고 효자라고 하셨다.

형님 집에서는 어떻게 지냈느냐고 물으시기에 형님한테 고맙고 시험에 떨어졌는데 재수는 할 수 없고 서울서 할 일도 없을 것 같아서 내려오는 결심을 했다고 했더니, 함께 살다 보면 불만이 많았을 텐데 그런 얘기를 안 하는 걸 보니 나보고 군자라고 칭찬해 주시었다.

시험 떨어져서 낙향한 나를 칭찬해 주시니 진짜 군자가 되고 싶어졌다. 그래서 더욱 열심히 명심보감에 매달리게 되었다. 봄이 되어 농사철이 시작되고 서당에서 문을 열어놓고 글을 읽다 보면 개울 건너 논에서 일을 하시면서 소와 씨름을 하시는 아버지 소리가 들려온다.

그때마다 이 공부를 내가 왜 하고 있는 것인가? 한심하다는 생각이 떠나지를 않았다. 농사하려고 왔는데 그걸 못하고 그러다 보니 효도의 길은 막혀있고, 돼지는 언제 기를 수 있을지 요원하니 마음은 가시방석이었다. 서당 공부는 빈방에다 불을 때는 꼴이라는 생각이 들었다. 한심하기 짝이 없었다. 그렇다고 이건 아니라고 아버지를 설득시킬 뾰족한 묘안도 없다.

두 달쯤 지났을 때 아버지 회갑 날이 되어서 친인척분들이 다들 모이시고 우리 형제들도 한자리에 모였다. 큰형님께서 보기 드문 큰 잔치를 준비하셔서 부모님을 기쁘게 해드렸다. 나는 아무 역할을 못 하는 못난 자식이 되어 있었고 그날 찾아온 많은 친족들한테 내가 어떻게 비칠까를 생각하니 더더욱 참담하였다.

그날 나는 없었다. 그렇게 멋지게 회갑 잔치를 치르고 손님들도 돌아가고 집안은 다시 적막한 분위기로 돌아갔다. 자문자답을 해본다.

내가 나를 어디로 끌고 가고 있는가? 서당? 돼지? 효도? 이건 아니었다.

서당 공부 명심보감 가지고는 살아갈 수 없다는 것이 자명한 일이고 돼지 키우기도 어찌어찌 하다보면 시작이야 할 수 있겠지만 현실적으로 가능할 것 같지 않다고 판단되었다. 중요하다고 생각하는 효도는 과연 진심일까? 다시 한번 의문을 가져 본다. 어려서 지게도 한번 안 져 본 내가 농사일로 아버지께 효도할 수 있을까? 이 또한 자신이 없었다. 다만 현실도피의 핑계에 불과한 것이라는 생각이 들었다. 이런 생각을 하면서도 이 현실을 벗어나지 못하고 있다는 것은 내 자신이 나를 바로 끌고 가지 않고 방관하고 있는 것이고 수렁에 빠진 상태에서 주저앉은 느낌이었다.

현실을 잘 모르시고 하시는 아버지의 뜻에 밀려 그 핑계로 허송세월을 하고 있는 나, 우유부단한 나를 어떻게 해야 할지? 벌써 5월이 다 가는 데 이대로 가다가는 돼지는 키워보지도 못할 것이 뻔하다는 생각이 들었다. 아버지께 나의 본심을 말씀드린 뒤 용서를 빌고 새로운 공부 결심을 말씀드리기로 했다.

절박해서 처절하게

당시 아버지는 내가 다가가기에는 두렵고 어려운 존재이셨기에 어떤 논제를 가지고 대화를 할 수 있는 그런 대상이 아니시었다. 그러므로 첫 말 꺼내기가 아주 어려웠다. 며칠을 별러서 하루는 독하게 물러서지 않고 할 말을 해야겠다고 굳게 마음 먹고 아버지 앞에 무릎 꿇고 드릴 말씀이 있다고 입을 열었다. 당돌한 나의 이런 모습을 처음 보신 아버지께서 무슨 말인지 해보라고 허락을 해주시었다.

본래 생각했던 효도, 농사, 돼지 얘기까지 하다 보니 눈물이 쏟아졌다. 아버지께서는 잠자코 계셨다. "긴 말씀은 못 드리고 다시 서울로 가겠습니다. 서당 다닐라고 온 것도 아니고 아버지께서는 공부를 하라고 하시니 그 공부 서울 가서 다시 시작하겠습니다."라고 간청을 드렸다.

역정을 내실 거라고 생각했던 아버지께서는 "네 생각이 그러하면 그렇게 해라."라고 하시면서 간단하게 허락을 해주셨다. 그다음은 서울 형님한테는 어떻게 말씀드릴까? 이 또한 넘어야 할 더 큰 산이었다. 내가 갈 길은 결정되었다. 다시 검정고시에 도전하고 반드시 패스하여 정정당당하게 고등학교 시험을 보고 제대로 된 고등학교를 다녀보자. 결심은 확고해졌다.

형님한테 공부를 다시 한번 할 수 있도록 해달라고 간청을 드려서 허락을 받고 검정고시 시험 날짜를 3개월 남겨놓고 공부에 전념하기로 하였다. 이번이 마지막이다. 우선 독서실을 가야 했다. 큰형님의 지원으로 독서실비를 해결하였다. 당시 1개월 독서실비가 3천 원 정도였다. 염치가 없으니 일단 한 달씩 등록을 하고 그야말로 고시 공부를 하였다. 너무 절박했기 때문에 처절하게 공부를 하지 않으면 안되었다.

24시간 공부 시간표를 만들고 공부만 했다. 그러니 시간표도 필요 없었다. 24시간 공부를 하다 보면 낮과 밤이 구별이 없어지고 아침, 저녁도 구분할 필요가 없어진다. 아무튼 별도로 잠자는 시간이 없었다. 다만 밥을 먹고 바로 책을 보면 졸음이 쏟아진다. 그러면 미련 없이 독서실 책상에 엎드려 잔다. 이때 철칙이 있다. 가슴팍을 책상 모서리에 바짝 붙이고 쓰러지듯 잔다. 그러면 30분도 안 돼서 가슴팍이 아파 깨게 되어 있다. 먹고 바로 책을 보면 졸리고 그 틈에 이런 식으로 쪽잠을 자고 화장실 가서 세수하고 정신이 들면 쭈욱 책을 봤다. 읽고, 쓰고, 외우고를 수없이 반복하면서 책이 문드러져라 공부를 하다 보면 득도하듯이 시험에 나올 것 같은 문제들을 터득하게 되고 경지에 이른 듯한 뿌듯함과 공부의 맛을 느끼는 날들을 쌓아가면서 검정고시 날짜를 맞이하였다.

서울시 교육청에 검정고시 응시 접수를 하고 혹시 몰라 하루 늦은 경기도 교육청에도 접수를 해 놓았다. 서울은 어디에서 시험을 봤는지 기억이 안 나는데 경기도는 의정부종고에서 시험을 치렀다. 서울 것은 느낌이 안 좋았다. 여기가 마지막인데 마지막 영어 시험 답안지를 내고 나왔는데 이름 쓴 기억이 없었다. 시험 감독관한테 통사정을 해서 이름을 안 썼으니 쓰게 해달라고 했는데 간신히 허락을 받고 시험지를 찾아보니 이름은 쓰여있었다. 다행이었다. 발표날까지 한 달 남았다. 심리적으로 이런 한 달 동안은 공부를 할 수도 없고 되지도 않는다. 그러나 나는 그야말로 절박했기에 달랐다. 안 된다고 안 할수도 없었다.

검정고시는 국, 영, 수, 과학 4과목만 보기 때문에 지금까지 이 4과목만 집중했다. 그러나 고교시험은 4~5가지가 더 있다. 음악, 미술, 실과, 사회, 기술 등 공부 못한 것들이 있어서 검정고시 출신들한테는 극도로 취약한 부분이다. 특히 미술, 음악 같은 과목은 선생님들도 제대로 없고 검정고시 위주로 공부하다 보니 배울 기회조차 없는 것이 현실이었다. 공부할 곳은 오직 종로에 있는 특수

학원 뿐이다. 여기서는 시험에 나올만한 부분만 가르친다. 음악 같은 경우 오르간 같은 악기는 없고 책상을 두드리며 계명과 작곡가, 연대, 국가명등을 가르치고 외우는 방법을 기가 막히게 알려준다. 또다시 배울 수 있는 기회는 없으니까 계명이나 선율을 잊어버리지 않으려고 걸으면서 버스에서 계속 흥얼거리고 학원 선생님의 주옥같은 가르침을 빠짐없이 기억하려고 처절하게 머릿속에 넣어 두었다. 실업 과목, 기술 과목 같은 것은 짧은 시간에 이해를 하면서 공부할 여유가 없으니 책을 통째로 씹어 먹을 듯이 읽고, 쓰고, 외우기를 수없이 반복하면서 정복해 나갔다.

한 시간도 빈 틈 없을 정도로 빡세게 달려오다 보니 어느덧 발표날이 다가왔다. 일단 서소문에 있는 서울시 교육청으로 가보았으나 역시 나의 노력이 부족했던 탓으로 합격자 명단에 없었다. 지옥으로 떨어지는 느낌이었다.

그러나 이런 경우를 대비하여 경기도 주관 시험에도 응시하였기 때문에 한 가닥 희망을 갖고 다음 날 수원에 있는 경기도 교육청으로 버스를 갈아타며 물어물어 찾아갔다. 발표자 명단을 정문에서 조금 지나 게시판에 붙여 놓았다. 수백명이 응시했었는데 합격자 명단은 A4 한장에 2/3정도 적혀있었다. 여기에도 없으면 나는 끝이라는 생각에 극도의 긴장감으로 게시판을 응시하는데 명단에 내 이름이 보였다.

피가 머리로 확 솟는 느낌이었다. 역시 하늘은 노력하는 자를 돕는다는 말이 뇌리를 스친다. 사무실로 들어가서 합격자 통지서를 받아 들고 이미 고등학교에 합격한 사람처럼 들뜬 기분으로 집으로 향했다.

버스를 갈아타려고 서울역 정류장에서 삼양동 집으로 가는 버스를 기다리고 있는데 누군가 내 등 뒤에 칼을 들이대면서 속삭이듯 말한다. 주머니 있는 거 다 내놓지 않으면 이 칼로 쑤셔버리겠다고 겁을 주는 것이 아닌가, 나는 몹시 기분이 상기되어 있는데 이건 뭔가 하는 먹먹한 생각이 들었지만 이 상황에서는 누가 뭔 짓을 해도 용서할 수 있을 것 같았다. 순간 담담한 생각이 들었다. 불쌍한 친구 같으니 주머니에 있는 돈 다주어도 될 것 같아서 버스표 한 장 남기고 얼마인지는 기억이 안 나는데, 많지는 않은 것 같았던 돈을 다 털어주었다. 그리고 웃으면서 집으로 향했다.

8월 말이어서 덥기는 했지만 아무도 없는 빈방에서 가벼운 마음으로 낮잠을 한숨 자고 나니 저녁 무렵이 되어 누나가 들어왔다. 이 기쁜 소식을 누나한테 얘기하면서 서울역 얘기를 했더니 그래서 다 빼앗겼냐고 정색을 하면서 다그치길래 다 주었다고 했더니 사내새끼가 멍청하게 빼앗겼느냐고 야단이었다. 그러나 나는 그런 야단 정도는 안중에도 없었다. 지금까지 살아오면서 오늘보다 기쁜 날이 언제 있었던가? 심장은 계속 흥분되어 터져나갈 것 같았다. 그날 하루는 그렇게 보내고 나의 공부 고행은 계속 이어졌다.

나는 공고를 가고 싶었다. 그래서 서울공고 원서를 사다가 정성스럽게 작성을 해서 최종 나의 도장을 찍으려 하는데 맨 아래 특이사항에 색맹이나 색약은 합격이 되어도 불합격 처리한다고 적혀있었다. 나는 선천적으로 색약인지라 기겁을 하고 원서를 접어 버렸다. 그럼 어느 학교를 가야하나를 고민했다. 두 번째 떠오른 데가 덕수상고였다. 작년에는 정원이 360명이었는데 올해는 720명으로 증원된 것을 보고 왠지 느낌이 좋았다. 급히 원서를 사다가 다시 작성해서 접수하고 날짜가 되어 시험을 치렀다. 대한민국 최고 명문 상고에 합격하는 게 쉬운 것이 아니라는 것을 잘 알기에 긴장해서 며칠을 보내고 합격자 발표를 보러 형님 가게 직원형과 같이 갔다. 명단을 보기가 두려웠다, 사실 기대도 크게 안 했기 때문에 멀찌감치 떨어져서 천천히 걸음을 옮겼다.

그런데 그 형이 내 이름이 있다고 소리치며 달려왔다. 눈물이 왈칵 나왔다. 꿈인가 싶었다. 철기란 친구도 같이 합격을 했다. 너무 잘된 일이었다. 합격 통지서를 받아 들고 형님 한테 알려드렸더니 그렇게 기뻐하시지는 않았다. 아마도 학비를 조금 걱정하셨던 것 같다. 저녁에 집으로 와서 누나한테 얘기를 하니 지난번 검정고시 때와는 달리 무척 기뻐해 주었다. 처절하게 했던 공부는 더 이상 하지 않아도 된다는 걸 생각하니 마음의 평화는 바로 다가왔다. 드디어 명문 덕수상고에 들어가게 되었다.

돈 안 들어가는 특활반은 없나요?

　온 가족의 축복을 받으면서 졸지에 학부형이 되신 큰형수님과 입학식에 참석하고 드디어 명문 덕수상고 학생이 되었다. 그러나 입학하자마자 걱정이 되기 시작하는 것이 3개월마다 내야 하는 등록금, 수시로 들어가는 학비를 어떻게 할 것인가? 그 당시는 등록금을 낼 수 없어서 학교를 포기하는 친구들도 많던 시절이다. 학비를 대줄 사람은 형님밖에 없는데 형수님, 조카들 눈치를 봐야 하는 형님을 생각하니 가슴속에서 눈물이 흘러내렸다. 그러나 달리 방법이 없으니 일단 신세를 지고 차차 갚아 나가기로 마음의 정리를 하고 나니 마음이 훨씬 편해졌다.

　입학금 내고 교복사고 책가방 준비해서 입학을 하면 돈 들어가는 것이 일단락 되는 줄 알았다. 그러나 이제부터 시작되는 것이 아닌가. 교복에 구두까지 샀는데 체육복 사야 하고 교련복과 그 부속품들까지 사들여야 했다. 여기서 끝나는 것도 아니었다. 주판도 사야 되고 연습지, 참고서 매일 돈 얘기를 하다시피 하니까 자꾸 눈치가 보이는데, 내 물건이 하나씩 생겨서 좋기는 하지만 좋은 표정을 지을 수가 없었다. 표정관리가 필요하다는 것도 깨닫게 될 때쯤 사단이 났다.

어느 날 유도부 선배가 교실로 들어오더니 너 나와 하는 것이 아닌가. 유도부에 들어오라는 것이었다. 일단 뽑혔다는 거, 다른 사람 눈에 들었다는 자체가 기쁘지 않을 수가 없었다. 유도부 특활반에 가입 신청을 하고 유도를 익혀 가고 있었다. 그런데 유도부에는 개인 유도복이 있어야 한다는 것을 알게 되었다. 이거 큰일이 아닐 수 없었다. 유도복 얘기를 어떻게 해야 할지 용기가 필요했다. 유도하는데 유도복 없이 할 수는 없고, 고지식하고 눈치 없는 나는 어렵게 얘기를 꺼냈다. 몸이 꼬이는 걸 억지로 참으면서 형수님에게 모깃소리로 유도복 얘기를 해놓고 처분만 기다리는 신세가 된 것이었다.

다음날 형수님이 잠깐 얘기 좀 하자고 하신다. 특활반에는 꼭 들어가야 되는 건가요? 그냥 물어보는 줄 알고 나는 무심히 다른 친구들도 각자 다른 특활반에 가입을 한다고 했다. 그런데 묻는 이유가 다른 데 있는 것이었다. 그럼 돈 안 들어가는 특활반은 없느냐고 하신다. 유도복은 한 벌 가지고 될 것 같지도 않다는 것을 형수님은 아셨던 것 같다. 가뜩이나 들어가는 돈이 많으셨던 우리 형수님께서 매일 돈 돈 돈 하는 것처럼 느껴지셨을 것이다. 지금 생각하면 우리 형수님이 참다 참다 못 해 말씀하셨을 텐데 많이 이해해드리고 싶다. 당시 특활반은 한번 가입하면 그만두고 싶다고 맘대로 그만두는 환경이 아니었다. 반드시 대가를 치러야 했다. 그만두겠다는 용기가 안 나기도 했지만 유도는 배워두면 좋을 것 같아서나를 선택해 준 선배가 고맙기도 했기에 선뜻 말이 잘 안 나왔다. 그러나 유도복 없이 유도를 계속할 수 없으니 큰 문제였다. 할 수 없이 유도부를 탈퇴하겠다고 말을 하고 빳다를 몇 대 맞고 탈퇴하면서 무사히 마무리하였다. 그것으로 나와 유도는 인연이 끝났다.

　이후 나는 갈 곳 잃은 나그네 신세가 되어 방과 후 어울릴 친구가 없었다. 4월이 되니 특활반 대항 체육대회가 시작되면서 각반에서 운동 잘하는 사람을 찾아 나섰다. 그때 내가 배구를 잘한다고소문을 냈더니 전산반에서 손짓을 하였고 나는 돈 안 들어가는 특활반이므로 바로 오케이 했다. 그래서 나는 전산반 배구 선수로 활약했다. 너무 열중했는지 중간고사 시험을 보고 나서 담임 선생님이 교무실로 불러서 갔더니 나의 성적이 꼴등이라는 것이 아닌가. 태어나서 꼴등은 처음 해 보았다.

　이때 깨달은 것이 이 학교는 수재들이 모인 학교라서 공부 안 하면 꼴등이 될 수 있다는 것을 알았다. 쉬는 시간에도 쉬는 친구들이 없다. 다들 공부벌레 같다. 수업 끝나는 종소리와 동시에 주판연습문제를 올려놓고 자르륵 짜르륵 전부가 주판 연습을 한다. 점심시간에도 마찬가지로 친구들은 쉬지 않았다. 아침에도 한 시간 일찍 등교해서 담임 선생님 지도하에 수업을 하고, 저녁에는 알아서 교실에서 도서관으로, 어딘가로 흩어져서 공부들을 한다.

나는 그런 친구들 틈에서 고통스러운 공부를 계속하지 않으면 안 되었다. 고등학교 들어가서도 공부는 원 없이 한 것 같다. 1학년 때 장래 희망은 은행원이었다. 그러나 2학년 때부터는 사업가로 바뀌었다. 은행원에서 사업가로 바꾸고 나니까 세상이 달라 보이면서 큰 꿈도 갖게 되었다. 빌딩을 보던 눈이 지구가 보이는 느낌이랄까. 여하튼 시야가 무척 넓어졌다. 해야 될 공부만 열심히 하면서 하루빨리 3학년이 되어 서둘러서 취업을 하고 싶었다. 1학년 때 주산 1급을 무난히 통과하고, 2학년 때 부기 2급은 다른 친구 도움으로 간신히 통과하여 3학년에 진학할 수 있었다. 어느덧 3학년이 되고 사회가 턱밑에 와있게 되니 하루라도 빨리 학교를 벗어나고 싶은 마음뿐이다. 드디어 취업 기회가 왔다.

3학년 1학기가 끝나가는 7월에 3학년 학생 중 1호로 취업을 해서 학교를 빠져나왔다. 들어간 곳이 ㈜대덕전자였다. 너무 행복하고 꿈이 실현되고 있다는 것을 실감하면서 최선을 다해서 업무를 익히고 무슨 일이든 맡아서 하겠다는 의지를 보였다. 하루하루가 꿈 같았다. 책가방 없이 출근하고 매달 월급도 받고 그것으로 하고 싶은 것도 마음대로 해보고 머리가 조금 자란 후부터는 담배도 피우고 어른들의 전유물이던 다방이나 술집도 필요하면 가기도 하고 예쁜 아가씨와 데이트도 하고 당구도 치고 조카들 용돈도 줄 수 있고 못할 것이 아무것도 없을 것 같았다. 세상에 부러울 것이 아무것도 없었다.

　학생 신분으로 직장 생활을 8개월 정도 하고 다음 해 2월 덕수상고 졸업장을 무난히 받고 어엿한 고졸 사회인이 되었다.

대학을 가야 하나?

 하루라도 빨리 학교 담장을 벗어나고 싶은 심정으로 3학년을 마치고 정식으로 사회인이 되었다. 졸업 후 나의 사회생활은 어디든지 갈 수 있는 광야에 서 있는 느낌으로 일상이 이어졌다. 그러나 더 멀리 더 높이 날고 싶은데 날개가 작아서 날 수 없는 것 같은 아쉬움이 많았었다. 빨리 어른이 되고 싶었다. 25살쯤 돼야 어른 행세를 과감하게 할 수 있을 것 같은데 이제 갓 스무살이라 아무래도 초년생 티가나다보니 행동에 제약을 받았던 것 같다. 그러나 나의 일상은 그야말로 행복한 시간들로 꽉꽉 채워졌다. 그러던 어느 날 나는 귀인을 한 사람 만난 것이다.

 일을 끝내고 계열사 선배와 퇴근을 같이하다가 삼선교 나폴레옹 빵집에 들러서 건넨 얘기 몇 마디 나누는데 그가 나한테 질문을 한다. 미스터 김은 지금 현재에 만족을 하면서 살고있는가? 물론 나는 너무 만족한다고 대답했다.

혹시 대학 갈 생각은 없느냐고 또 물었다. 지금은 생각 안 해봤는데 안 가도 될 것 같다고 했더니 나중을 생각해서 대학 진학을 꼭 검토해 보라면서 한마디 더 한다. 10년 후에 후배한테 자기 자리를 뺏기지 않으려면 대학을 가야 할 것이라고 간곡하게 얘기를 해주었다. 당시에는 그분의 얘기가 잔소리로 들렸었는데 내가 대학 진학을 생각하게 하는 계기가 되었으며, 나는 대학을 가게 되었다. 사실 대학 가기가 너무나 어렵기 때문에 포기하고 현실에 안주하려고 했던 것인데 그 말을 들은 후 나는 머리가 무거워지기 시작했다.

대학을 가려면 공부도 해야 되고 돈도 모아야 되고 그럴려면 씀씀이도 줄여야 하고 결혼도 늦어져야 되고 모든 스케줄의 변경이 필요했다. 그러나 그것은 쉬운 일이 아니라는 걸 잘 알기에 몸이 따라주지를 않았고 고민 고민하다가 군 입대를 하면서 대학에 대한 꿈을 다시 키우면서 짬짬이 공부를 시도해 보았지만 그렇게 하는 공부가 크게 도움이 되지는 못했다.

제대 후 지금의 아내인 상순씨와 연애를 하면서 대학 진학에 대하여 진지하게 얘기를 꺼냈고, 상순씨는 적극적으로 대학 진학을 권했다. 그녀가 원하는 것이라면 한번 시도해 봐야겠다는 영향도 있었지만, 고등학교 입학 자격을 얻기 위하여 갖은 고생을 하면서 공부를 했는데 대학에 갈 수 있는 자격, 고교졸업장이 확보되어 있으므로 그냥 공부만 하면 되는 건데 못할 게 뭐 있을까 싶어서 공부를 해보기로 결심하고 상순씨와 약속을 하고 또다시 공부에 매진하기로 했다.

체력 테스트를 하는 날에는 상순씨가 도시락을 가지고 후문에서 기다리겠다는 약속에 나는 더욱 힘을 내서 체력장에서 1점이라도 더 따려고 사력을 다해 체력 테스트를 마쳤다.

1년의 연애 끝에 우리는 결혼을 하고 대학 진학을 추진하여 알뜰히 대학 등록금까지 마련해 놓고 학력고사도 치르고 대학 원서도 접수시켰다. 1차, 2차 전부 합격 소식은 없었다.

공부에 관한 한 불사조 같았던 나였지만 또다시 입학시험을 위한 공부를 할 수는 없다는 생각에 전문대학에 원서 접수를 하였다.

벼락같이 합격되고 말았다. 입학금이야 이미 준비되어 있었기 때문에 성에 차지는 않는 전문대지만 즉시 입학등록금을 납부하고 즐거운 마음으로 입학 준비를 하고 있었다. 그런데 나의 운명을 바꿔 놓은 소식을 듣게 되었다.

추가합격 통지서

결혼을 하고 살림집은 따로 있었지만 주소지는 아직 형님 댁으로 되어 있었다. 가끔 안부 전화를 하는 게 예의다 싶어서 전화를 했는데 전화를 받은 조카 선미가 삼촌한테 편지가 한 통 왔는데. 하는 거였다. 뭐지? 뜯어 봐라. 경기대학교에서 온 거라는데… 혹시나 추가합격통지 아닐까? 소름 돋게 내 예감은 맞았다.

전화 수화기에서 나오는 목소리는 바로 추가합격… 이었다. 바로 전화를 끊고 삼양동으로 달려갔다. 혹시나 하고 기다렸던 그 추가합격 통지서를 낚아채서는 곧장 집으로 달려왔다. 전문대와 4년제 대학은 그 당시 천지 차이였기 때문에 흥분된 가슴을 가라앉히기가 쉽지 않았다. 아내와 나는 뛸 듯이 기뻐했다.

그러나 등록금을 이미 전문대 입학금으로 써버린 터라 이 또한 큰일이 아닐 수 없었다. 월급에서 여윳돈은 거의 없는 상태였다.

20만 원 중 10만 원은 결혼자금으로 미리 받아쓴 곗돈으로 나가고 나머지 10만 원으로는 생활비도 빠듯하다. 그러나 무슨 일이 있어도 4년제 대학을 가는 것이 맞는 것이기는 하지만 당시에 적은 돈이 아니기 때문에 쉽게 해결 될 일이 아니었다.

그러나 어떻게 했는지 아내가 입학금 55만 원을 마련해서 해결을 하였다. 나는 명지전문대를 찾아가서 등록금을 돌려달라고 해봤지만 돌아온 대답은 이미 우리 학생이 되었기 때문에 돌려줄 수는 없고 자퇴 원서를 쓰라는 것이었다. 아니 입학도 안 했는데 무슨 자퇴서인가 했는데 그 당시 학교법이 너무 우월했기 때문에 어쩔 수 없었다. 하는 수없이 나는 자퇴 원서를 접수해서 그쪽 학적을 정리하고 이중 학적 신분이 되지 않도록 한 후 경기대 무역학과에 입학할 수 있게 되었다.

입학을 하였으니 졸업은 큰 문제가 안 될 것으로 확신하였다. 벅차오르는 가슴을 주체할 수 없을 정도로 들뜬 기분이 상당히 오랫동안 지속되었다. 문제는 학교 수업은 6시부터 시작인데 회사 퇴근 시간이 보통 7시이다 보니 이 난관을 극복한다는 것이 여간 어려운 것이 아니었다. 그렇다고 학교 다니자고 회사를 그만둘 수도 없고 난감하기 그지없었다. 직속 상관과 임원께 보고를 하였더니 걱정 말고 공부나 열심히 하라고 하시기에 용기를 얻어 눈치를 보면서 빠져나가기는 하는데 하루 이틀도 아니고 보통 일이 아니었다. 규정상 퇴근 시간이 5시 30분이니까 그 후에 회사를 나왔다.

그러다 보니 매일 지각이고 자리도 맨 끝에 앉아서 강의를 들으니, 교수님의 처음 말씀을 듣지 못하게 되고 강의 내용을 이해하는 듯 싶으면 강의가 끝나기가 일쑤였다. 매일 다른 직원보다 한두 시간 일찍 퇴근하는 것을 어떻게 합리화 할까 고민 끝에 내가 열심히 배워서 그것을 회사 발전에 기여를 하면 되지 않겠나 싶어서 그러기로 마음의 다짐을 하고 마음고생하지 않으면서 학교에 열심히 다니기로 했다.

그러던 어느 날 사장님이 찾으신단다. 무슨 특별한 지시가 있으시려나 궁금한 마음을 갖고 사장실로 달려갔다. 사장님 하시는 말씀, 김군 이번에 대학엘 들어갔나? 네 그렇습니다. 야간 대학을 들어갔어? 네~ 그래 등록금이 얼마인가? 55만 원입니다. 그거 내가 줄게 하시는 게 아닌가. 어안이 벙벙했다. 그렇지 않아도 이번이야 어떻게 마련했지만, 다음 학기 등록금 걱정이 벌써부터 있었는데 순간 눈물이 쏟아질 것 같았다. 애써 참으면서 감사합니다. 이 은혜를 꼭 갚겠습니다. 가슴속에 눈물이 주르륵 흐르고 있는데 감사의 말은 해야 되고 속마음은 눈물로 범벅이 되어있었다.

대덕을 위하여 무엇이든 내가 앞장서서 하겠다는 굳은 각오를 하면서 사장실을 나왔다. 그 후 며칠간 총무과에서는 회사 내규에 장학금 규정을 만드느라 수고를 하였던 것을 나중에 알았다. 장학금 규정을 만들어서 사장님 재가를 받은 후 나에게 장학금 명목으로 등록금 전액을 하사하시었다.

대덕전자 최초의 장학금 대상자가 되었다. 그 후에도 나는 등록금 전액을 장학금으로 받았다. 그런데 다음 해에 또 다른 직원이

야간 대학에 입학하면서 장학금 금액이 등록금의 반액으로 조정되어서 3년간은 반액을 장학금으로 받고 학교를 다녔다.

매일 끝자리에서 강의를 듣다 보니 눈이 나빠지고 안경을 쓰게 되었다. 생각해 보면 그 당시 칠판과의 거리가 20미터는 되었고 강의실은 흐릿한 형광등 빛이었고 칠판 위에 별도로 형광등을 달아서 조도를 높이려고 했으나 너무 열악했던 강의실 환경은 아련한 추억이 되었다. 등록금 중 반액을 장학금으로 받았지만, 학비는 등록금이 전부가 아니기 때문에 나는 몇 번에 걸쳐서 학자금 융자를 받아서 학비 조달을 해야 했다. 학자금 융자 조건도 매우 까다로워서 그걸 위해서 밤샘 공부도 해야 했다. 어느덧 세월이 흘러서 집에서는 아들 둘이 자라고 있었지만 내 기억으로는 그 애들이 크는데 내가 기여한 것은 아무것도 없었다. 아들이라는 것이 마냥 좋기만 했지 우는 아이 안아준 기억도 거의 없을 정도로 나는 너무 바쁜 일상이었다.

회사 다녀서 월급 받아오고 대학 졸업장을 위하여 열심히 공부해야 했고 이것이 아버지의 임무라고 생각하고 그 일을 열심히 했을 뿐 아빠 역할을 한 게 별로 없는 나쁜 아빠였다.

졸업을 할 때 아들 둘을 안고서 졸업한 사람은 나뿐이었던 것 같다. 나는 그때 아들들한테 속삭였다. '아버지는 너희들 둘을 낳아 키우면서 회사도 다니고 열심히 공부해서 대학도 졸업했다는 것을 훗날 보고, 아빠를 이해해 줬으면 좋겠다.'라고. 그러나 지금 생각해 보면 미안해 했어야 할 것을 아들들한테 아버지 자랑을 했구나 하는 반성도 해본다.

졸업장을 받고 나니 그야말로 내가 대졸자 신분이 되어있다는 것이 신기하기도 하고 어깨를 펴고 세상을 바라볼 수 있겠구나! 하는 자부심도 생기게 되었다. 우리 애들이 나중에 학교 입학해서 가정환경조사서의 아버지 학력란에 대졸이라고 쓸 수 있게 되었다고 생각하니 이 또한 기쁘지 않을 수가 없었다. 한편 후일 이것이 무슨 의미가 있을까? 하는 의문도 들었던 것이 사실이다.

4년제 대학 졸업장의 위력

우여곡절 끝에 추가 합격으로 입학을 했지만 추가합격 표시는 어디에도 없었고 그것은 그리 중요하지 않았다. 쉴 새 없이 일과 공부를 병행하면서 나름 열심히 살면서 4년 후 무난히 졸업을 하게 되고 졸업과 동시에 총무과에 신고해서 학력란에 대졸이라고 기록도 해 두었다.

세월이 흘러서 나는 회사에서 대리로 승진하여 근무하고 있었다. 어디서든 누군가든 학벌 얘기를 한다면 나도 대졸자라는 것을 뽐내 보고 싶었지만, 그런 기회는 한 번도 생기지 않았다. 대덕이라는 회사는 중소기업이고 자립형 기업이다 보니 그 당시에도 대졸 사원들이 많지 않았기 때문에 학벌은 극히 일부에만 해당되는 얘기였다. 입사한 지가 10년이 넘어가면서 회사 내에서 중책을 맡게 되고, 직책은 대리였지만 일개 과를 끌고 가는 부서장으로서 한 역할을 하고 있었다. 1980년대 중반 우리나라 국운이 융성해지고 대덕전자도 매월 신기록을 세울 정도로 급성장을 해 가고 있었다. 나는 계열사를 오가면서 아침 일찍부터 자정까지 근무를 할 정도로 많은 일을 했고, 일을 통하여 개인적으로도 많은 성장을 하고 있었다.

그러던 어느 날 직속 임원이 불러서 갔더니 김대리 4년제 대학 나온거 맞지? 네~. 대답도 듣는 둥 마는 둥 급하게 인사서류를 잔뜩 끌어안고 회의실로 가는 것이었다. 그 당시 업무량이 너무 많아서 밤샘 작업을 수시로 할 정도로 바빴기 때문에 그 말이 무슨 말인지 신경 쓸 겨를도 없이 일에 열중하고 있었는데 그날 늦은 오후에 게시판에 나의 과장 승진 내용이 있었다.

사실 대리 진급한지 1년 밖에 안 되어서 과장 승진 대상이 아니었는데 담당 임원이 나를 과장으로 밀어 붙인 모양이었다. 아마도 1년 만에 과장으로 승진한 경우도 전무후무할 것이다.

4년제 대학 졸업장의 위력을 최고로 발휘한 것이 아닐지 생각한다. 법적으로 회사를 대신할 수 있는 직급이 과장부터라는 말을 들은 적이 있다. 그동안 회사를 대표하여 수많은 일들을 하면서 속으로 나는 직책이 낮아서 이런 일을 하면 안 되는 것인데 하는 찜찜한 마음을 이제는 가질 필요가 없다고 생각하니 내가 마치 사장이라도 된 기분이었다.

그 후 나는 부서장 회의에서도 당당하게 부서의 장으로서 부서 간 협조와 서로 업무처리 밀당을 하면서 성숙된 회사 생활을 할 수 있게 되었다. 과장이 되므로 해서 회사 내에서의 대우도 좋아지고 대외적으로도 더욱 성숙 된 자세로 업무에 임할 수 있게 되어 폭넓은 인간관계를 맺을 수 있었고 사회적 신분 상승이 되었다.

이런 것들이 대학을 졸업한 결과라고 생각하니 다시금 학벌의 중요성을 생각하게 되었다.

공부의 끝은 어디인가?

　공부는 해도 해도 끝이 없는 것이 공부이겠지만 학벌을 따지는 공부는 대학이 끝이라고 여겼는데 또 다른 공부를 해야겠다는 충동은 엉뚱한 데서 생겨났다. 동하라는 회사를 창업하고 살아남기 위하여 이런저런 몸부림으로 회사를 만들어 오면서 1999년 2월 IMF관리체제를 지렛대 삼아 반월공단 내의 800평 규모 공장을 갖게 되고 회사다운 회사를 만들어야겠다는 야심이 불타기 시작하였다. 공장은 가졌지만 제조 관련 아이템도 없고 설비나 직원도 전무한 상태에서 야심만 불타고 있었는데 뭐부터 시작을 해야할지 알 수 없지만 뭔가를 해야하는 것은 분명했다.

　그래서 금형설비를 갖추고 시작하다 보니 철공소 수준이지만 기계소리도 나고 뭔가 만들어지는 형태를 갖춰갔다. 이 모든 것들을 진행하는 것은 다름 아닌 아주 다재다능한 최과장이 들어오면서 만들어졌다. 이 친구는 못하는게 없는 것 같았다. 영업력도 있고 아는 사람도 많아서 수시로 필요한 기술자들도 데려오고 이들을 리드도 잘해서 짧은 시간에 금형 공장 형태를 갖추었고 영업 수완도 좋아서 금세 일감도 가져와서 제법 공장 분위기를 만들어 나아갔다.

나는 그때부터 사장의 역할이 무엇일까 생각하고 사장답게 관리와 지원군 역할을 하게 되었으며 한발 물러서서 지켜보는 자세도 갖게 되었다. 그도 그럴 것이 아는 기술은 없고 배우고 아는 건 관리 뿐이라 달리 방법도 없었다. 나는 늘 이들에게 무슨 말로 이들을 움직이게 하고 더 효율적으로 일하게 할까를 생각해야 했다. 그래서 버릇처럼 얘기를 많이 하게 되었는데 과거의 경험담, 들어서 도움 될 만한 얘기를 자주 하다 보니 어느 날부터 했던 얘기를 반복적으로 하는 것을 알게 되었다. 즉 꼰대가 되어버린 것을 알고 나니 얘기하기가 겁나고 할 얘기도 없게 되어 갑자기 내가 설자리가 없어진 기분이었다.

이걸 해결할 묘안이 없을까 생각하던차에 시화공단내에 있는 한국산업기술대학교에 새로 생긴 제조업 CEO 교육과정이 있기에 입학원서를 접수하게 되고 저녁시간에 전문 강사들의 강의를 들으며 많은 것들을 배우고 원우들과 친목을 도모하면서 건전하고 생산적인 시간을 보낼 수 있게 되었다. 6개월 과정을 수료하면서 여러 분야의 경제 사정도 알게되고 신지식에 대한 정보도 입수하면서 폭넓은 지식을 얻을 수 있게 되므로 해서 경영에 도움이 될 만한 것들이 꽤 생기게 되었다. 그러나 그것은 근본적인 해결책이 못되었다. 얼마 안 가서 그것도 바닥이 났다. 직원들의 숫자는 자꾸 늘어나고 그들을 효율적으로 리드하기 위해서는 그들을 설득하고 리드 할 무기를 장착해야 좋은 회사를 만들 수 있을 것 같았다.

그걸 어디서 찾을까 고민에 빠지는데 한 가지 방법을 생각하게 되었다. 그것은 제대로 된 경영학 공부를 해보면 어떨까? 판단하고 경영대학원을 떠올렸다. 안산에는 나의 이런 고민을 해결 해줄 수 있는 훌륭한 대학이 있었다. 신혼 시절에 너무 어렵고 힘들어서 부질없는 공부라고까지 생각하면서 다닌 대학 졸업장이 있었기에 한양대학교 경영대학원에 당당하고 무난하게 입학할 수 있었다. 그 졸업장이 이렇게 요긴하게 쓰일 줄은 예전에는 미처 몰랐었다. 이렇게 하여 또 다른 공부를 시작하게 되었다. 너무나 잘한 나의 선택이었다. 여기서 열심히 배워서 우리 직원들에게 라떼*가 아닌 보다 싱싱하고 체계적인 얘기를 해줄 것을 생각하니 너무 가슴이 벅찼다.

막상 입학을 해서 교수님들의 강의 내용을 보니 경영학 개론에서 회계학, 재무이론, 마케팅, 경영전략, 중소기업론 등 내가 만나보고 싶었던 것들이 즐비했다. 맛있는 식단을 보면 무엇부터 먹어

---

* '나 때는 말이야'를 젊은 층이 '라떼 커피'에 빗대어 희화 한 말

야 할지 모르듯이 내 눈을 사로잡는 공부꺼리가 마음을 황홀하게 하였다. 주옥같다는 말이 실감 날 정도로 나는 그런 교과 과목들에 흥분되고 있었다. 아니나 다를까 교수님들의 강의를 들으면서 경영 일선에서 벌어지는 것들을 책에서 보니 모든 걸 쓸어 담고 싶은 심정으로 공부에 심취할 수 있었고 경영학이라는 과목이 이렇게 흥미가 있다는 것을 알게 되면서 공부의 재미도 느끼게 되었고 젊은 시절에는 몰랐던 야간 캠퍼스의 즐거움도 만끽하였다.

나는 대학원에서 배운 내용들을 정리해서 매월 첫날 실시하는 조회 시간을 할애해서 대학원에서 배운 내용 중 경제, 경영의 고급스러운 용어를 섞어서 정리된 내용을 직원들에게 얘기해주었다. 이럴 때마다 나와 우리 직원들은 함께 신분 상승이 되는 기분을 만끽하게 되었고 한동안 이런 강의는 지속되었다. 그리고 평소 대화 방법도 그에 맞는 용어와 화법을 자주 쓰다 보니 얘기 소재도 다양해지고 한 얘기 반복해서 하지 않아도 되어서 대단히 만족스럽게 대학원을 다닐 수 있었다.

한양대 경영대학원에서 배운 내용은 내가 작은 중소기업을 바르게 키워가는데 밑거름이 되었고 회사에서 필요로 하는 수많은 기능인력을 사내에서 가르쳐서 인재로 만들어 일할 수 있게 하는 원동력이 되기도 했다. 나이가 들거나 지위가 높아지면 지난 얘기를 자주 하게 되는 경향이 있는 것은 어쩔 수 없는 현상이다. 하지만 이제 이런 현상에서 벗어날 수 있다고 생각하니 참으로 기쁘지 않을 수 없다.

작업에는 왜 플레밍의 왼손 법칙이 필요하고 외환 위기는 왜 생기고, 구조조정은 왜 필요한지 직원들에게 객관적이고 체계적으로 설명해서 설득시킬 수 있게 되니 경영이 너무 재미있고 자신 있게 느껴졌다.

공부는 언제 하는 것이냐고 묻는다면 공부의 적기는 그것이 필요할 때라고 말할 수 있다. 늦었더라도 필요하다고 생각될 때 망설이지 말고 해야 하는 것이다. 많이 아는 사람, 전문가한테 배우는 것은 아주 자연스러운 일이고 가치가 있는 행동이다. 우여곡절이 많았던 초, 중, 고, 대학 과정은 내가 하고 싶어서 한 공부가 아니고 의무감에서 또는 남들이 하니까 어쩔 수 없이 해야 했던 공부였던 것이다. 하지만 지금 하고 있는 경영대학원 과정의 공부는 진정으로 내가 하고 싶어서 하는 공부이다.

그래서 더 열정적이었던지 2년 6개월의 석사과정을 마치고 나서 공부의 끝은 어디인가를 생각하게 된다. 그리고 내가 배움에 목말라했던 시절 대학 등록금을 지원해 주신 대덕회장님의 뜻을 이어서 고졸 직원들의 대학 진학을 독려하여 10여명 이상의 직원들이 야간 대학에 다닐 수 있는 길을 열어주고 등록금 지원도 해주었다. 나의 공부뿐 아니라 다른 사람들의 공부 길을 열어주는 것도 나의 공부라고 생각하니 공부의 끝과 범위는 무한한 것이라고 말할 수 있다.

경영학박사가 되다

한양대 산업경영대학원 석사 과정 논문을 통과하고 졸업을 하면서 공부의 끝은 어디인가? 살짝 욕심이 생겼다. 박사학위는 무엇인가? 그럼 공부의 끝이 박사인가? 고졸에 만족했던 내가 한때 대학 졸업하면 원이 없을 것 같았던 때가 생각났다. 석사로 끝낸다면 뭔가 하다 만 것 같아서 마음이 개운치가 않았다. 완성이라는 만족감이 없었다. 박사까지 하면 공부의 마무리가 될 것 같은 생각을 지울 수가 없어서 언감생심 박사과정을 넘보게 되었다.

당시 나이가 50세였기에 여기서 머뭇거리다가 시간이 더 가면 나이상으로도 못할 것 같은 생각에 박사과정을 도전하기로 결심했다. 그런데 그 당시 우리 회사는 한창 뻗어가고 있었으며 특히 중국에 진출한 지 3년 차이며 현지 공장 건물을 짓기로 되어있었다. 자주 출장을 가야 할 상황이었다. 또한 달리는 말에 채찍질을 하라는 옛말이 있듯이 현재 회사에는 채찍이 필요한 시기라서 갈등도 있었지만 내 마음의 무게중심은 박사 쪽으로 기울어져 있었다. 박사과정도 한양대에서 하면 가장 무난할 텐데 안타깝게 한양대 안산 캠퍼스에는 박사과정이 개설되어 있지 않아서 어디로 가야 할지가 난감했다.

박사과정은 석사과정과 달리 입학부터가 까다로워서 누군가의 추천이 필요하기 때문에 아무 데나 지원한다고 되는 것이 아니라 한동안 고심하였다. 그러던 중 숭실대학교에 고교동창 교수가 있다는 것을 알게 되어 동창인 최문수 교수를 만나서 자초지종을 얘기하고 입학 추천을 약속받고 숭실대학교로 박사과정 지원을 결정하였다. 나의 의지를 굳히기 위하여 그때 알고 지낸 지 2년쯤 되는 김상경 친구한테 내 의지를 얘기하며 원서 접수에 동행을 요청했다. 김상경은 나의 요청을 쾌히 받아주고 동행하여 원서를 접수했다. 이때 인연으로 김상경도 함께 박사과정 대학원에 입학하고 박사 학위를 같이 받았다.

박사과정은 석사과정보다 조금 더 어려운 정도쯤으로 생각하고 시작하였고 나의 의지로 충분히 해낼 수 있을 것으로 추측하였으나 그것은 그렇게 쉬운 과정이 아니라는 것을 여러 경험자들을 통하여 알게 되었다. 그래서 나는 다시 한번 나의 의지를 다지기 위하여 전 직원이 모인 자리에서 내가 박사과정에 도전하려고 하는데 여러분들이 동의해 줄 수 있느냐고 물었다. 직원들은 기꺼이 힘찬 박수로 동의를 해주었고 그 덕분에 나는 한 번 더 강한 결심을 하며 비장하게 출발을 하게 되었다. 김상경과는 급격하게 가까운 친구가 되어 우리는 하루도 빠짐없는 출석을 위하여 이른 저녁을 먹고 때로는 급하게 샌드위치로 저녁을 대신해 가면서 즐거운 마음으로 공부를 이어갔다.

박사과정이다 보니 다른 학교와의 교류 시간도 갖고 같은 연구를 하는 LAB*모임에도 참여하면서 노교수님들과 살아가는 대화도 많이 하고 젊은 원우들과의 추억도 만들어 가면서 때론 그들의 애로사항도 해결해 주고, 서로 공부도 지원받으면서 깊이 있는 공부의 맛을 느끼며 늦었지만 공부에 매진할 수 있었다.

시작할 때 마음보다 쉽지는 않았지만 그렇게 험난하기만 한것도 아니었다. 멋모르고 들어선 연구모임에서 빠져나오느라 해당 교수한테 낭패를 볼 뻔도 하고 거듭되는 과도한 과제와 넘기 힘든 원서 공부는 누군가의 도움이 필요했기에 자존심에 상처를 입히기도 했지만, 교수님들의 배려와 때로는 아내의 내조와 대학생 아들들의 도움으로 힘들 때마다 고비를 잘 넘겨서 졸업시험도 통과하고 졸업 논문을 써야 될 시기가 되어서는 앞이 캄캄하고 어디서부터 시작을 해야 할 지 막막하였지만, 어렴풋이 줄거리를 잡아갔고 절박한 상황에서 수없는 밤샘과 지금까지의 경험을 총동원하여 한 줄씩 써 내려간 논문은 어느덧 정리가 되고 다섯 분의 심사위원 교수님들 앞에서 논문 발표 과정을 통과하면서 박사과정을 마치게 되었다.

---

* laboratory -연구실, 실험실-의 약어로 친구 모임을 의미

누구보다 최문수 교수의 아낌없는 지원으로 쉽지 않은 과정을 마무리하고 대학원 졸업을 하고 박사 학위를 취득하게 되어 내가 생각했던 제도권 공부의 마무리를 지었다.

아는 것 함께 하기
- 겸임교수 시절의 이야기 -

골프를 하는 사람은 누구나 한 번씩은 경험을 하는 것인데 처음 배우고 나면 필드를 나가고 싶어서 안달이 난다. 어느 정도 캐리어가 쌓이면 새벽 시간이고 야간이고 가리지 않고 필드를 헤매고 다닌다. 그러다 보면 어느 순간에 싱글 스코어 카드를 손에 쥐게 된다. 그때부터는 골프 선생이 되고 싶어진다. 비기너들의 애환을 해소시켜 주고 싶은 심정에서 나오는 충정일 것이다.

박사 학위를 수여 받고 나니 이제 막 싱글이 된 기분이었고 그동안 읽고 쓰고 듣고 보고 느낀 내용으로 머리가 빵빵한 느낌이었기에 이걸 누군가에게 전해주고 싶은 충동이 이루 말할 수가 없었다. 어디서고 두세 시간 이야기하는 것은 어렵지 않을 것 같았다.

이런 생각을 하고 있던 중 기회가 닿아 숭실대학교 대학원 석사

과정 1학기 강의를 맡아 하고 있는데 학기가 끝나갈 무렵 한양대학교 대학원에서 연락이 왔다.

한양대학교 석사과정 때 지도를 해주신 교수님께서 친히 대학원 석사과정 강의를 정식으로 한 과목 맡아 달라는 것이었다.

숭실대학교에서 1학기 강의를 한 경험도 있고 잘할 수 있을 것 같은 자신감도 있어서 그렇게 하기로 결정을 했다.

그리고 "중소기업 경영전략"이라는 과목을 맡아 정식 겸임교수로 등단하게 되었다. 막상 정식 교수가 되어 강의를 하려 하니 두려움이 앞서고 여간 긴장되는 게 아니었다. 그 긴장감을 해소할 방법으로 우선 외모에 신경을 쓰기로 했다. 머리는 단정하게 2대 8로 이발하고, 손톱 발톱도 깔끔하게 다듬었다. 흰 와이셔츠에 검정구두 정장 차림으로 복장을 마무리하여 누구도 흠잡을 데가 없을 정도로 완벽하게 치장을 했다.

강의는 그동안 배우고 느낀 것과 나의 경험에 지금까지 실전적 경영 내용을 있는 그대로 전개해 갔다. 강의 중간중간에 다양한 소재의 유머를 의도적으로 섞어가며 수업의 집중도를 높이는데 많은 신경을 썼다. 이런 강의 열정이 통하였는지 늘 30명 가까운 학생이 수강 신청을 했고 강의 평가와 호응도도 아주 좋았다.

경영학 강의의 대부분은 사회에서 일반적으로 회자되는 대기업 사례를 중심으로 하는 것이 통례인데, 나는 강의를 학생들이 중소기업 경영 현장의 구석구석을 들여다보면서 중소기업에 적합한 현실적인 경영전략을 세울 수 있는 공부를 할 수 있도록 했다.

3년이라는 짧은 기간 동안 교수 신분으로 있으면서 바른 교육을 지향하기 위하여 스스로 엄격해지려 노력했다. 수강생들한테는 보다 양질의 지식과 실질적으로 경영에 도움이 될 수 있는 것들을 연구하고 정리해서 제대로 전달하기 위하여 참으로 많은 애를 썼던 기억이 깨끗하고 아름다운 추억으로 남아 있다.

가급적 공정한 평가를 해주려고 노력했고 불이익보다는 플러스 쪽으로 공평하게 하기 위하여 후한 기준점으로 형평성을 찾느라 고민과 번민도 많이 했던 기억이 지금도 내 스스로 훈훈하게 느껴진다.

그리고 연구를 많이 해서 강의를 하는 날은 여지없이 중간에 수강생들이 박수로 화답할 때가 있었는데, 이럴 때 더욱 좋은 강의 자료를 만들기 위하여 최선을 다하는 동기부여가 되었고 큰 보람을 느꼈다. 내가 강의한 내용을 기반으로 누군가 경영 설계를 해간다면 그보다 더 큰 보람은 없겠다는 감사한 마음을 가져본다.

주요 강의 내용이 경영전략의 필요성, 생존할 수 있는 힘, 나만의 경영전략, 중소기업의 목적과 목표, 중소기업의 성장전략, 중소기업의 핵심역량, 경영혁신, 기업문화는 최후의 경쟁력, 위기 극복 전략, 강하고 부드러운 CEO 리더십, 재무전략, 현금관리, 은행관리, 원가관리, 관리회계, 세무회계 이런 것들이었는데, 이 정도면 자기 기업을 투명하고 재무적 곤경이 생기지 않는 기업을 만들어 갈 수 있을 것이라고 기대하면서 강의를 했다. 내가 배운 것 이상을 돌려주겠다는 마음으로 열정의 한 학기를 보내고 나면, 아무 생각 없이 마냥 쉬고 싶은 마음이 들 정도였다.

　교수 생활이 6학기가 전부였지만 이즈음부터 사장님, 박사님, 교수님 세 가지 호칭을 들을 수 있어서 기뻤다. 더 이상 교단에 있다 보면 본래의 직분인 경영자의 감이 무뎌질까 두려워 교육부에 한양대학교 겸임교수로 등재된 것으로 만족하면서 제자리로 돌아왔다.

　경영 일선으로 돌아와서는 치열한 경쟁 속에서 지속적인 성장과 성과를 위하여 더 많은 것들을 추구하며 미래로 향하고 있다.

삶의 변곡점에서 힘이 되어주신 분들

살아보니 사는 것은 사람과 만남의 연속이었다.

학창 시절의 학우學友들, 대덕전자 재직 시의 사장님과 선후배와 동료들, 사업을 하면서 만난 수없이 많은 분들….

특별히 삶의 변곡점에서 만난 분들이 있다.

공부는 세상에 널려 있는 무한정의 지식을 자기 것으로 만드는 것이기에 열심히 하면 되지만, 사업은 한정된 시장에서 매출을 일으켜 돈을 벌어야 하기 때문에 그 영역과 의미가 좀 다르다.

사업을 꿈꾸고 계획할 때까지는 하는 일마다 대박 날 것 같고 할 일이 별같이 많을 것 같다. 그러나 막상 시작을 하고 나면 상황은 180도 달라진다. 사업이란 모든 일이 돈과 연관된 것이기 때문에 일을 할 수 있다면 돈이 된다는 공식이 성립되는 것이다. 그러다 보니 돈이 되는 일이라면 누구나 하고 싶어 하고 경쟁이 치열해서 후발 주자는 할 수 있는 일이 별로 없다.

그렇다 보니 하려고 하는 일마다 허들을 넘어야 했다.

사업 초기에 도와주신 분들이 고맙다.

먼저 조광원사장이 생각 난다.

일본 타이거스틸과 사업을 할 수 있도록 아이디어를 제공한 조사장을 잊을 수 없다.

조사장은 그 후로도 금형업을 하고 있었기에 우리 물건을 사주고 거래처도 소개해 주고 너무나 고마운 사람이다. 그동안 서로 사업에 바쁘다 보니 자주 만나지도 못하고 찐한 만남도 한번 못 가졌는데 언제고 만나서 이 얘기를 꼭 해주고 싶었다. 조사장의 조언으로 타이거스틸 가와무라 사장과의 인연이 시작되어 여기까지 왔다.

타이거스틸 가와무라 회장님을 빼놓을 수 없다.

가와무라 사장 덕분에 국제 대리점 계약을 해서 무역업을 영위하게 되었고, IMF관리체제 때에는 두 배로 뛴 환율을 이용하여 국내 기계를 수출할 수 있도록 가와무라 사장의 배려가 있어 환차손을 상쇄할 수 있었으며 그로 인한 타이거스틸과 우리 동하의 관계가 더욱 돈독하게 되었다.

일본에 출장 갈 때면 으레 만났고 가족끼리의 친분도 맺어 함께 여행을 자주 했고 집안의 대소사에도 서로 왕래하는 사이로 발전했다. 무슨 문제라도 생기면 서로 의논하고 함께 머리를 맞댔다.

인연을 맺은 지 10년쯤 되었을 때 우리는 중국 진출을 논의 했다. 합작회사를 설립해서 회사를 운영해 보기로 검토했으나 여건이 맞지 않았다. 그래서 2003년에 나는 위해威海에, 가와무라 사장은 상해上海에 각각 투자해서 공장을 설립했다. 서로의 중국의 공장을 왕래하면서 조언도 하고 하던 중 가와무라 회장이 설립한 상해타이거스틸을 우리 동하기업이 인수하기도 했다.

지금도 여행비용과 밥값은 늘 가와무라 회장님이 내신다.

히로세커넥터와의 첫 거래를 할 수 있게 연결해 주고 안정적으로 거래를 해준 준 노사장도 고맙다.

히로세코리아 이회장님은 거래가 성사될 수 있도록 배려해 주셨

고 관심을 가지고 지켜봐 주시며 우리 회사가 매출 성장의 재미를
알게 해 주시는 등 사업 초기 디딤돌 역할을 해 주셨다.

최문수 교수님께도 감사드린다.
힘든 박사과정을 잘 지도해 주셔서 경영학 박사 학위를 받을 수
있었다.

김상경 박사도 고맙다.
힘든 박사과정 공부를 같이해서 즐거웠다.
우린 이제 죽마고우 이상의 친구가 되었다.

기억나고 감사한 분들이 수없이 많다.
대덕전자의 사장님과 선후배님, 동료 여러분
사업을 초기에 도움을 많이 주신 여러분께
진심으로 감사를 드린다.

사업으로 동분서주할 때 잘 견뎌준 준현, 세현 두 아들과
수많은 고비와 고통을 함께 이겨 내며
언제나 나를 응원해 준
아내 이상순에게 사랑을 보낸다.

이 책을 내게 된 것은
"아는 것 함께하기"의 일환이었습니다.

고맙습니다.

2023년 10월 어느 좋은 날에

김기동 드림

발문 跋文

　같은 시대에 태어나 비슷한 환경을 살아낸 인생의 길벗 김기동 박사님의 자전적 경영 이야기인 "옹달샘 같은 회사를 꿈꿔 왔다" 출간을 진심으로 축하드립니다.

　예전에 김 박사님이 '어린 시절 이야기, 아버님의 어록, 가족 이야기, 창업 이야기, 회사 경영을 통해 얻은 암묵적 지식, 학업 이야기 등에 관한 것들을 한 권의 책으로 묶어내서 많은 사람들이 읽었으면 좋겠다'고 넌지시 이야기한 적이 있었습니다.
　오늘 그 결과물을 보게 되어서 너무 기쁜 마음입니다.
　분명히 많은 분들에게 자신감과 목표, 비전을 심어주며, 희망을 안겨주는 책이 될 것이라 믿습니다.

　며칠 전 김 박사님의 "옹달샘 같은 회사를 꿈꿔 왔다" 원고를 받아 읽다가 나도 모르게 그 글 속에 빠져들어 단번에 끝까지 정독하게 되었습니다.
　무엇보다 같은 중소기업을 경영하는 CEO로서 동하기업의 김기동 회장님은 왜 사업을 시작했을까?

어떤 철학과 어떤 기업가 정신으로 오늘의 동하기업을 이뤘을까?

직원 관리, 현장관리, 설비관리, 제품 관리, 재고관리는 어떻게 했을까?

끊임없이 다가오는 위기와 역경은 어떻게 극복하였을까?

기업을 성장시키고 그룹으로 확대한 계기와 비결은 무엇일까?

기업승계와 마무리에 대한 생각과 구상은 어떤가?

기업인이면 누구나 가질 수밖에 없는 이런 대목들을 읽다 보니 원고에서 눈을 뗄 수가 없었습니다.

'옹달샘'을 모두 읽고 나니, 이 전에 알고 지내던 중소기업인 김기동 회장님보다 더 계획성 있고, 준비성 있고, 엄밀하고, 섬세하고, 더 크고, 우람한 존재를 만나고 있다는 생각이 들었습니다.

이 책 속에는 고교 시절부터 '회사를 경영해 보고 싶다'라고 쓰여 있지만, 이미 돼지 사육을 생각하기도 전에부터 그의 마음속에는 대가족의 가난 해결책은 기업을 일으키는 방법밖에 없다고 여겼던 것 같습니다.

모험을 통해서라도 가족뿐만 아니라 집안을 불편하게 하는 구조
에서 항구적으로 벗어나는 일과 평범한 사람들의 현실 안주에 만
족하는 삶보다는 그것에서의 탈피를 위한 꿈의 도전을 목표로 사
업에 도전장을 던진 것 같습니다.

이 책은 그의 꿈을 이루기 위한 도전기이고, 도전을 향한 의지의
산물이며, 그 실행을 담은 땀과 열정의 과정 그리고 그 고비를 넘
는 순간들과 과정들마다 불청객같이 찾아오는 위기를 극복하면서,
기회의 창-a window of opportunity-을 만들어 가는 기업가 정
신이 묻어 있는 책입니다.

아무리 힘들고 어려운 고난과 역경 속에서도 좌절하지 않는 불
굴의 정신과 그것을 딛고 넘어서는 김 회장님을 보면서 자못 일본
의 요네자와 번의 번주 우에스기 요잔*을 떠올리게 됩니다.

---

* 우에스기 요잔 上杉鷹山(1751~1822)은 일본 에도시대 江戸時代(1603~1867)에 혼
슈本州 도호쿠東北지방에 있었던 요네자와米沢 번藩(영주가 지배한 영역과 지배기구)
의 9대(1967~1785) 번주藩主로 스러져 가는 요네자와 번을 혁신한 인물이다.

백척 간두의 위태로운 지경에서도 꺼져가는 화로의 불씨를 살려내듯이 번의 영지를 살려낸 번주 우에스기 요잔과 같은 경영자, 어떤 어려운 상황에서도 자신을 낮춰 초심으로 돌아가, 분명 외롭고 떨리지만 그래도 자신의 길을 묵묵히 걸어가는 과감한 실행력과 리더십, 그리고 마침내 그 문제를 딛고 일어나는 탁월한 그의 통찰력을 보면서 요잔과 닮은 면을 많이 보게 됩니다.

당면한 문제가 있더라도 임시방편적 해결 대신 근본 원인을 찾아 그 문제를 해결하고 그다음 단계에서는 또 다른 개혁을 만들어가는 과정들이 흡사한 면이라 하겠습니다.

김기동 회장님이 동하기업을 성장시키고 다방면으로 발전시킨 비결은 무엇일까? 하고 생각해 보았습니다.

그 비결을 몇 가지로 간추려 본다면

첫째, 계획성 있는 준비에 있었지 않았나 싶습니다.

젊어서부터 사업가가 되고 싶었고, 그것을 이루기 위해 계획을 세웠다는 것입니다. 창업 준비에 소요되는 시간과 장애물 제거, 창업에 필요한 자금의 마련, 창업을 결행할 시기 등 나름 사업을 위한 계획과 준비를 충실히 하였다는 것입니다.

둘째, 언제나 기본에 충실한 자세를 갖는다는 것입니다.

가장 기본적인 회사 내외부의 청결과 작업 동선의 편리성, 최적의 설비와 공구 구비, 정리 정돈, 각종 서류와 데이터의 전산화 구축 등에 깊은 관심을 가졌다는 것입니다.

셋째, 자신이 세운 정도 경영을 위한 철학을 세우고 언제나 지켰다는 것입니다.

언제나 바른 경영을 하겠다는 목표를 세우고 비록 여건과 상황이 어려울 때일지라도 자신이 세운 수칙은 반드시 지킨다는 의지와 아무리 욕심이 난다 해도 정도를 벗어나지 않는 분수를 지키며 절제하는 경영을 하였다는 것입니다.

넷째, 눈앞의 이익보다는 긴 안목에서의 의리를 중요시하였다는 것입니다. 많은 사람들이 당장의 손익에 관심을 가질 때, 고객의 니즈를 충족시키는 일이나 약속이행과 같은 더 큰 본질에 매달렸다는 것입니다.

다섯째, 사업으로 얻은 수익을 회사를 위해 헌신한 직원들과 진정으로 나눔을 가졌다는 것입니다.

여섯째, 기업이 나아갈 때와 물러설 때를 분명하게 결단할 줄 아는 경영을 하였다는 것입니다.

'옹달샘'은 내가 읽은 글이지만 나를 다시 점검해 보는 글이기도 하였습니다.

이 글 속에는 기업 경영을 이롭게 도와줄 지혜의 암묵지가 곳곳에 숨어있으며, 기업 경영에 있어 자칫 소홀할 수 있는 디테일한 내용들의 언급과 기업 활동 가운데 크든 작든 겪을 수밖에 없는 경험담의 유형들을 진솔하게 들을 수 있다는 점, 그리고 꺼리며 숨기기 일쑤인 승계와 그에 따른 가족 간에 생길 수 있는 불협화음 같은 문제들을 해결하는 노하우까지, 중소기업을 경영하면서 부딪칠 수 있는 각종 케이스들을 잘 정리해 놓았습니다.

그리고 글 행간 행간마다 배어있는 김 회장님의 열정을 보게 되는데, 그 열정은 곧 그의 창의력이고, 지혜이며, 기쁨이고, 보람이고, 희망이란 단어의 동의어인 것을 알게 될 것입니다.

　자신의 철학과 고집으로 일군 '옹달샘'같은 동하기업 경영 이야기는 창업을 계획하거나 준비하고 예비하는 독자들에게는 신선한 영감을 불러일으켜 주리라는 생각이 들며, 기업 경영에 자신감을 잃고 방황하고 있을 어떤 독자들에게는 다시 한번 시작하고, 다잡을 수 있는 힘과 용기를 줄 것이라 믿어 의심치 않습니다.

　바라기는 많은 분들이 이 책을 읽고 기업 활동에 지혜와 열정을 회복하는 귀중한 모멘텀이 되었으면 좋겠습니다.

　감사합니다.

2023년 10월 10일

경영학 박사

주식회사 동흥테크　대표이사　**김상경**

옹달샘 같은 회사를 꿈꿔 왔다
경영학박사의 중소기업 경영 이야기

지은이 | 김기동

초판 발행일 | 2023년 11월 11일
초판 2쇄 발행일 | 2024년 3월 29일

펴낸이 | 최예지
주간 | 최재황
표지 | 김혜정

펴낸 곳 | 도서출판 산다
등록 | 2017년 1월 5일 제 307-2017-1호
주소 | 서울시 성북구 동소문로 26마길 8 플로라의 뜨락 403호
전화 | 02 925 9413
팩시밀리 | 0502 925 9413
전자우편 | sanda001@ naver.com

인쇄 | 구암종합인쇄

ⓒ 김기동

ISBN 979-11-966122-9-0(03320)